Heimische Heilpflanzen - Das zeitlose Wissen der Druiden

Wie Kräuter aus dem eigenen Garten Alltagsbeschwerden natürlich lindern und das Immunsystem stärken

DIANA FREITAG

© Copyright 2021 - Alle Rechte vorbehalten.

Rechtliche Hinweise:

Dieses Buch ist urheberrechtlich geschützt und nur für den persönlichen Gebrauch bestimmt. Ohne die Zustimmung des Herausgebers darf der Leser keinen Inhalt dieses Buches ändern, verbreiten, verkaufen, verwenden, zitieren oder umschreiben.

Haftungsausschluss:

Die in diesem Dokument enthaltenen Informationen dienen nur zu Bildungs- und Unterhaltungszwecken. Es wurden alle Anstrengungen unternommen, um genaue, aktuelle, zuverlässige und vollständige Informationen zu liefern. Die Leser erkennen an, dass keine rechtlichen, finanziellen, medizinischen oder professionellen Ratschläge erteilt werden. Durch das Lesen dieses Dokumentes stimmt der Leser zu, dass der Herausgeber unter keinen Umständen für direkte oder indirekte Verluste verantwortlich ist, die durch die Verwendung der in diesem Dokument enthaltenen Informationen entstehen, einschließlich, aber nicht beschränkt auf Fehler, Auslassungen oder Ungenauigkeiten.

Inhaltsverzeichnis

Einleitung 1

Die Wurzeln des geheimen Wissens der Druiden 5
    Was ist Druidentum? 5
    Geschichtliche Entwicklung 6
    Wie lebten die keltischen Druiden? 8

Die magische Heilkraft der Pflanzen 13
    Die Magie der Pflanzenwelt 13
    Die Heilkraft der Natur neu entdecken 15
    Chancen und Grenzen der Naturheilkunde 18

Die zehn wichtigsten Heilpflanzen der Druiden 21
    Löwenzahn 23
    Johanniskraut 26
    Beinwell 29
    Kamille 31
    Klette 34
    Mistel 37
    Baldrian 41
    Blaubeere 45
    Hagebutte 48
    Weidenbaum 51

Die zehn wirkungsvollsten Heilpflanzen für gängige Beschwerden ... 55
    Das Immunsystem stärken – Echinacea (Sonnenhut) 57
    Magen- und Darmbeschwerden lindern – Fenchel 61
    Atemwegsinfekte behandeln – Eisenkraut 65
    Hautprobleme verbessern – Hamamelis 69
    Kopfschmerzen mildern – Waldmeister 74
    Harnwegsinfektionen kurieren – Schachtelhalmkraut 78

    Einen erholsamen Schlaf fördern – Hopfen 84
    Die Stimmung aufhellen – Lavendel 91
    Konzentrationsfähigkeiten steigern – Ginseng.........................97
    Frauenleiden erleichtern – Frauenmantel 102

Die zehn besten Heilpflanzen für den Anbau im eigenen Garten...107
    Basilikum..109
    Melisse..113
    Thymian 117
    Ringelblume 121
    Mädesüß...125
    Rosmarin 129
    Mutterkraut 133
    Salbei..138
    Pfefferminze...143
    Knoblauch 148

Eine natürliche Hausapotheke selbst herstellen 153
    Ausstattung der Hausapotheke..153
    Kräutertees 155
    Tinkturen 156
    Ölauszug..157
    Heilsalbe..159

Praktische Tipps 161
    Bewusste Begegnung mit den Heilpflanzen...........................161
    Tipps fürs Sammeln von Wildkräutern 163
    Verarbeitung und Aufbewahrung..165

Abschluss 167

Quellen und weiterführende Literatur..169

Einleitung

Die Schnelllebigkeit unserer Zeit hinterlässt in Körper, Geist und Seele der Menschen immer mehr ihre Spuren. Viele bemerken, dass sie sich von ihren Wurzeln entfern haben und dass das allgemein bekannte „Hamsterrad" und das Leben in Großstädten es zunehmend erschweren, diese Verbindung wiederherzustellen. Die Modernisierung hat den Menschen zwar viele wertvolle Errungenschaften gebracht, die das Leben erleichtern. Doch gleichzeitig zeigt sich, dass ein Thema in der Gesellschaft immer größer und aktueller denn je wird: „Back to the roots".

Genau damit möchte sich dieses Buch beschäftigen und mit dir gemeinsam zurückreisen zu deinen Wurzeln, die dir wieder Lehrmeister sein sollen und dürfen. Interessierst du dich für das Thema „Druidenwissen und die Heilkraft der Natur"? Dann bist du womöglich auch schon auf der Suche nach Alternativen zur gängigen Schulmedizin oder spürst den Ruf, dich mehr mit dem alten Wissen unserer Ahnen zu beschäftigen und dieses in dein Leben zu integrieren.

Wer sich auf den Weg der Heilung oder Prävention begibt, findet heute viele Konzepte und Möglichkeiten. Der Gesundheitsmarkt entwickelt sich stetig weiter und umfasst z. B. alternative Therapieverfahren, Ernährungslehren und exotische „Superfoods", welche die Gesunderhaltung des Körpers unterstützen sollen. Vor allem das Thema „gesunde Ernährung" findet zunehmend Beachtung. Mittlerweile gibt es diese Superfoods im Supermarkt, wie etwa Chiasamen, Gojibeeren oder Gerstengraspulver. Jene Lebensmittel zeichnen sich durch ihren hohen Gehalt an wertvollen

Inhaltsstoffen aus und sollen den Menschen dabei unterstützen, ihren Körper gesund zu halten oder schneller zu heilen. Sie stecken voller Vitamine, Mineralstoffe und sekundärer Pflanzenstoffe, die nachweislich positive Wirkungen erzielen können. Doch haben die meisten dieser Superfoods den Nachteil, dass sie von weit her geliefert werden müssen, allergische Reaktionen hervorrufen oder mit Schadstoffen belastet sein können. Aber wenn man den Leitsatz „Back to the roots" verfolgt, stößt man bei der Recherche auch auf Superfoods, die direkt vor der Haustüre wachsen und so dem Menschen sogar völlig kostenlos zur Verfügung stehen oder sich selbst anbauen lassen.

Bevor sich das derzeitige Gesundheitssystem zum heutigen entwickelte, mussten die Menschen aller Zeiten sich mit dem Thema Heilung auseinandersetzen. Und ehe chemische Labors die heutige Medizin und deren Wirkung erforschten und erstellten, bedienten sich die Vorfahren in der Apotheke der Natur, lernten mit und von ihr – und so entstand ein umfangreicher Wissensschatz über die natürliche Heilkraft. Im europäischen Raum waren die Druiden jene, die aufgrund ihrer angeblichen Zauberkräfte, sehr hochgeachtet wurden. „Zurück zu den Wurzeln" führt dich daher zu dem alten Heilwissen der keltischen Stämme, die das Druidentum in unserem geografischen Raum hervorbrachten, sowie zu jenen Traditionen, die bis heute von sogenannten „Neu-Druiden" weitergegeben werden. Es sind Kenntnisse über heimische Superfoods, die den Menschen dabei helfen können, Gesundheit zu erhalten und Heilprozesse zu aktivieren.

In diesem Buch wirst du erfahren, wer die Druiden eigentlich waren, wie sie einst lebten und heilten. Lass dich mitnehmen in die magische Welt der Pflanzen und gemeinsam ihre Heilkraft, unter Berücksichtigung ihrer Chancen und Grenzen, erkunden. Du lernst die wichtigsten Heilpflanzen der Druiden kennen und erfährst, wie dich die Medizinpflanzen der Natur bei der Prävention oder Heilung gängiger Beschwerden unterstützen können. Schrittweise möchtest du vielleicht sogar eine eigene natürliche Hausapotheke aufbauen und entsprechende Pflanzen in deinem Garten oder auf deinem Balkon kultivieren. Praktische Tipps wollen dir aufzeigen, wie du selbst Teemischungen, Tinkturen und Salben herstellen kannst und was du beim Sammeln und Anbauen entsprechender Heilpflanzen beachten solltest. Einige der beschriebenen Pflanzen wirst du sicher kennen, sodass du dein Vorwissen integrieren, ausbauen und bei deinem nächsten Spaziergang schon das eine oder andere Kraut als Heilmittel mit nach Hause nehmen kannst. Jetzt beginnt deine Zeitreise, um die alten Heilpflanzen und -methoden kennenzulernen, und zu ihren Wurzeln: der Volksheilkunde der keltischen Druiden.

Übrigens, bevor du es vergisst: Zu diesem Buch gibt es ein Gratis-Bonusheft zum Download. Alle Hinweise dazu findest du am Ende dieses Buches.

Die Wurzeln des geheimen Wissens der Druiden

Der wohl bekannteste Druide dürfte Miraculix aus den Asterix-und-Obelix-Comics sein. Seine Rolle besteht darin, altes Wissen zu hüten, den Wald zu schützen, dem Stamm mit Rat und Tat zur Seite zu stehen und für die Gemeinschaft den Zaubertrank zu erstellen, der alle kräftig und unbesiegbar machen soll. Oft ist er im Wald beim Schneiden der Misteln anzutreffen oder beim Brauen des geheimen Wundermittels. Seine Darstellung integriert das Wissen, das wir heute über die ehrwürdigen Druiden der alten Keltenstämme haben. Einen derartig wirkungsvollen Zaubertrank wie aus dem Asterix-Comic konnten sie damals womöglich nicht herstellen, allerdings wurden ihnen magische Kräfte nachgesagt und ihr Wissen streng geheim mündlich von Lehrer zu Schüler weitergegeben. Das Wissen, das heute noch über Heilpflanzen existiert, hat somit bereits einen langen Entwicklungsweg hinter sich und wurzelt im europäischen Bereich in der Geschichte des Druidentums, die du in den nachfolgenden Kapiteln entdecken wirst.

Was ist Druidentum?

Es wird vermutet, dass das Wort Druide sich aus Eiche (dru) und Weisheit (id) zusammensetzt und folglich die Bedeutung „Weisheit der Eiche" oder „Weisheit der Natur" in sich trägt. Unter Druidentum versteht man eine neuheidnische Religion, die sich auf der Basis keltischer Vorstellungen entwickelte. Im Fokus stand dabei vor allem der Fruchtbarkeitskult. Die

Natur spielte die zentrale Rolle, denn sie war der heilige Ort der Druiden: ihr Tempel.

Doch neben ihrer Tätigkeit als Priester dieser Religion, waren die Druiden auch Gelehrte der Magie, Naturmedizin und -wissenschaften, erzählten Geschichten und dichteten, führten Zeremonien durch und halfen in der Dorfgemeinschaft, für Recht und Ordnung zu sorgen. Aufgrund ihres umfangreichen Wissens sowie ihrer seherischen Fähigkeiten waren sie in ihrem Stamm hoch angesehen. Ohne ihre vorherige Konsultation wurde durch die höchste Instanz, den Stammesfürsten, nichts entschieden – so viel Einfluss hatten die weisen Männer innerhalb ihrer Gemeinschaft.

Unterschiedliche Berichte existieren darüber, ob es wohl den Männern vorbehalten war, als Druiden tätig zu sein und in der Gesellschaft weit oben zu stehen, oder ob es auch Druidinnen gab. Doch existierten mit Sicherheit zu jener Zeit Frauen, die ebenfalls solche Heilkräfte und Heilwissen besaßen, seherische Fähigkeiten entwickelten und auch weitergaben.

Wie bereits erwähnt, wurde das Druidenwissen von Meister zu Schüler mündlich weitergegeben. Um Druide sein zu können, musste der Schüler bis zu 20 Jahre durch seinen Lehrer ausgebildet werden. Das erforderte natürlich viel Durchhaltevermögen, Fleiß und ein sehr gutes Gedächtnis. Und nicht jeder konnte sich als Schüler für diese intensive Ausbildung bewerben, stattdessen ermittelte der Druide durch seine seherischen Fähigkeiten jeweils seinen nächsten Schüler.

Das Druidenwissen, das weitergegeben wurde, kann heute noch dazu dienen, mehr Einsicht in die Magie und Heilwirkung der regionalen Pflanzenwelt zu erlangen. Letztendlich bildete die keltische Zeit und ihre kulturelle Entwicklung in Europa ihre Wurzeln aus, die bis heute Wissen und Faszination übermitteln und z. B.

die Grundlage für eine schamanische Weltanschauung darstellten. Um die Kelten und ihre Druiden als Vorfahren besser verstehen zu können, ist ein Blick in ihre geschichtliche Entwicklung aufschlussreich.

Geschichtliche Entwicklung

Wirklich viel ist über die keltischen Druiden nicht bekannt. Da sie ihr sämtliches Wissen mündlich weitergaben und so keine direkten schriftlichen Aufzeichnungen existieren, gibt es lediglich erhalten gebliebene Berichte von Außenstehenden. Insbesondere die Niederschriften der Römer lieferten interessante Einblicke in die geschichtliche Entwicklung und das Leben der Kelten. So beschrieb Julius Cäsar, nachdem er in Gallien eingefallen war, dass die Druiden sich mit viel Interesse geistlichen Angelegenheiten widmen, Opferungen durchführen, Religionsfragen diskutieren und die Natur studieren. Früheste Aufzeichnungen stammen aus dem 1. Jh. vor Christus, doch waren sie sicherlich schon vorher im europäischen Raum etabliert.

Ab etwa 600 vor Christus begann sich die keltische Kultur im europäischen Raum zu entwickeln. Zur gleichen Zeit entstand in den Gebieten von Frankreich über Deutschland bis zu den Karpaten hin eine Lebensanschauung, die von großer kultureller Bedeutung sein sollte. Ihre heidnische Religion und Riten breiteten sich, da sie ein Wandervolk waren, immer weiter aus. Sie gelangten nach Gallien, Großbritannien, Nordspanien, Norditalien, Ungarn, in den Balkan und nach Griechenland. Archäologische Funde, Berichte von Geschichtenschreibern sowie christianisierte Erzählungen ließen erkennen, dass die Römer das Volk der Kelten und ihre Druiden als ernsthafte Bedrohung betrachteten. Und so begannen sie, die Druiden und ihre Riten immer mehr zu unterdrücken. Die Verbreitung des Christentums bewirkte so im 1. Jh. nach Christus die Ausrottung der keltischen Philosophie und Lebensweise. Doch das Druidenwissen war nicht völlig verschwunden, konnten sich vermutlich doch einige von ihnen unbeschadet während der Christianisierung als heidnische Priester, Heiler und Magier durchschlagen und so weiterhin ihre Lehre mündlich weitergeben.

Aufgrund der Tatsache, dass das Wissen über die Kelten und ihre Druiden lediglich durch Drittberichte übermittelt wurde, ranken sich bis heute viele Sagen um ihre mysteriöse Lebensweise. Und gerade diese Magie und Mystik weckt nach wie vor das Interesse und die Sehnsucht vieler Menschen, mehr über sie erfahren zu wollen.

Wie lebten die keltischen Druiden?

Die Druiden spielten in der Geschichte der Kelten eine große Rolle. Da sie, wie bereits beschrieben, viele verschiedene Aufgabenbereiche abdeckten, war ihr tägliches Leben gefüllt mit vielerlei Tätigkeiten. Archäologische Funde und schriftliche Überlieferungen Dritter lassen in etwa rekonstruieren, wie Druiden eigentlich lebten.

Ihre Unterkunft war wohl eine Hütte im Wald, in der Hilfesuchende die Druiden aufsuchten. Es war ein Zusammenleben in und mit der Natur, die im Druidentum so sehr verehrt wurde. Ein kleiner Kräuter- und Gemüsegarten lieferten u. a. Zutaten für ihre geheimen Mischungen. Dieser Rückzugsort diente den Druiden, um ihre Rituale – z. B. Opferungen – durchzuführen und sich auf ihr geheimes Wissen zu konzentrieren. Doch ihre Aufgabe bestand auch darin, die Menschen ihres Stammes mit Rat und Tat zu unterstützen, und so besuchten sie die Dörfer, um mit den Bewohnern zu sprechen, zu lehren und ihnen zu helfen. Auch bei medizinischen Fragen war ein Druide erster Ansprechpartner, um etwa bei Verletzungen oder Geburten zu unterstützen.

Einen großen Anteil seiner Zeit widmete sich ein Druide der Unterweisung seines Schülers. Da Eichen – und Bäume generell – eine große Rolle im Druidentum spielten, fand der Unterricht unter einem Baum statt. Hier erklärte und demonstrierte der Meister seinem Schüler die zu erlernenden Lektionen. Dieser Unterricht erfolgte täglich und bei fast allen Wetterbedingungen.

Die Hütte des Druiden war auch Anlaufstelle für Hilfesuchende, die bestimmte Konflikte oder Krankheiten gegenüber der Dorfgemeinschaft nicht offenbaren wollten. Hier wurden sie empfangen und konnten in Einzelgesprächen mit dem ehrwürdigen Druiden ihre Anliegen vorbringen und Medizin oder Ratschläge erhalten.

Neben der sozialen Fürsorge für seine Stammesbewohner, musste ein Druide für seine Naturmedizin immer wieder in die Wälder ziehen, um wilde Kräuter zu sammeln und auch um zu kontrollieren, ob in der Natur alles in Ordnung war. Manchmal wanderten Druiden auch mehrere Wochen, um von Mutter Natur zu lernen und mit neuen Erkenntnissen zurückzukehren.

Ihr gesamtes Leben, ihre tägliche Verehrung galt Mutter Natur. Sie lebten harmonisch im Einklang mit ihr, den Naturgewalten und den Energien magischer Kraftorte und natürlich den Tieren und Pflanzen. Den unterschiedlichen Bäumen widmeten Druiden viel Aufmerksamkeit und Zeit. Die hölzernen Riesen spielten in ihrem Leben eine große Rolle und waren für Druiden wie eine Art Horoskop, aus dem sie Informationen ablesen konnten. Vor allem die Eiche galt als heiliger Baum. Da die heidnische Religion der Kelten davon ausging, dass alle Wesenheiten miteinander verbunden sind, sahen sie sich selbst im anderen. Druidische Zauber- und Wanderstäbe wurden daher immer aus Ästen gefertigt, denen sich der Baum von selbst entledigte, um ihn nicht zu verletzen.

Diese Nähe zur Natur und die spezielle Fähigkeit, all die unterschiedlichen Energien wahrzunehmen, bewegten die Druiden dazu, in der Natur eine gewisse Ordnung zu erkennen und diese zu verehren. Verschiedene Jahreszeitenfeste strukturierten so den zeitlichen Kreislauf und waren geprägt von Musik und Tanz, Ritualen, Opfergaben, bewusstseinserweiternden Getränken und der Anbindung an jene höhere göttliche Macht, die sie in allem spüren konnten.

Zusammenfassend lässt sich sagen, dass das Leben der Druiden einer wichtigen Mission gewidmet wurde: Einklang und Harmonie bewahren und herstellen, in und mithilfe der Natur, die alle sichtbaren und unsichtbaren Wesenheiten beinhaltet.

Und gerade diese Philosophie – diese Naturverbundenheit – ist es, die noch heute Menschen dazu bewegt, den Spuren der keltischen Druiden zu folgen, ihre Geschichte und ihr Wissen zu erforschen und in ihr Leben zu integrieren. Das moderne Druidentum stellt somit eine Naturreligion dar, in deren Rahmen die jeweiligen Anhänger nach einem Lebensweg streben, der die Natur achtet und ehrt, statt den Lebensraum zu zerstören. Aktuell zeigen sich undogmatische und unterschiedliche Richtungen, die sich aus der Ursprungslehre der Druiden entwickeln und in Toleranz und gegenseitigem Respekt nebeneinander existieren können. Diese Weiterentwicklung ist davon geprägt, sich an den modernen Menschen anzupassen und Wege zu finden, auf Basis der Überlieferungen Hilfe anzubieten und an die heutigen Bedürfnisse anzupassen. Und so begeben sich einige auf die spirituellen Pfade jener Ahnen, um das alte Wissen in die neue Zeit zu bringen und modern zu interpretieren.

Eine der wichtigsten Überlieferungen für den Menschen der modernen Zeit dürfte dabei das Wissen über die Heilkraft der Pflanzenwelt bilden. Im Druidentum wurden Steine, Quellen, Gewässer, Orte, Tiere und Pflanzen als Heiligtümer verehrt. Die Druiden spürten die Magie der Natur und wie sehr der Mensch mit ihr verbunden ist. Ihre Lehre über die magische Heilkraft der Pflanzen ist heute aktueller denn je, da viele erkannt haben, dass eine Trennung von den eigenen Wurzeln und von der Natur negative Auswirkungen auf Körper, Geist und Seele haben kann, weshalb der Ruf nach alternativer Medizin immer lauter wird. Jene magische Heilkraft der Pflanzenwelt, welche die keltischen Vorfahren bereits erkundeten, gilt es nun gemeinsam zu entdecken.

Die magische Heilkraft der Pflanzen

Während die Pharmaindustrie einer Medizin vor allem eine grobstoffliche Wirkung zuschreibt, also im Vordergrund die Behandlung der Symptomatik einer Krankheit steht, hatten die Heilmethoden der Vorfahren eine sehr vielschichtige Sichtweise. Sie interpretierten die Heilwirkung der Pflanzen auch auf einer feinstofflichen Ebene, die auf ein anderes Verständnis von Krankheit zurückzuführen ist. Magisches Denken war dabei ein Aspekt, der bei der Heilung eine große Rolle spielte. So herrschte im Druidentum die Überzeugung, dass jeder Pflanze eine ganz eigene magische Wirkung innewohnt, die es zu erkennen galt und die in verschiedenen Behandlungsmethoden Anwendung fand.

Die Magie der Pflanzenwelt

Das Wort Magie wird in Zusammenhang gebracht mit Themen wie Übersinnlichkeit, Zauberei, geheimnisvolle Kräfte. Was dem heutigen Menschen womöglich als Hokuspokus erscheint, war für Druiden ganz normaler Alltag, denn ihr gesamtes Leben war erfüllt von Magie. Einige Druiden beschäftigten sich intensiv mit der Pflanzenmagie und nutzten diese Kräfte gezielt für ihre Arbeit. So betrachtete man im keltischen Druidentum die Pflanzenwelt ganzheitlich, als grobstoffliche Materie, die letztlich aber erst durch den feinstofflichen Geist geformt wurde.

Spannend ist es, zu beobachten, dass sich auch die moderne Wissenschaft immer mehr damit auseinandersetzt, zu erforschen, welche Intelligenz den Pflanzen eigentlich zugrunde liegt, und wie diese mit dem Menschen in Verbindung steht. Druiden sowie daraus später hervorgegangene Pflanzenschamanen haben die Überzeugung, dass alle Wesen beseelte Wesen sind, so auch die Pflanzen. Auf dieser Ebene kommt die Magie ins Spiel, denn laut diesem Verständnis heilt eine Pflanze nicht mehr ausschließlich mit ihren Inhaltsstoffen, also jenen komplexen chemischen Zusammensetzungen, sondern kann als lebendige Wesenheit kontaktiert und um Hilfe gebeten werden.

Die Wahrnehmung dieser Magie der Pflanzenwelt ging in der modernisierten Welt jedoch allmählich verloren, da sie etwas Unsichtbares, für das Auge nicht Wahrnehmbares ist. Druiden und Schamanen haben die Fähigkeit, diese Pflanzenseele, welche die materielle Gestalt wie eine Aura umgibt, wahrzunehmen und mit ihr in Kontakt zu treten. Wer einen sogenannten „grünen Daumen" hat, versteht vielleicht, dass durchaus eine Kommunikationsebene zwischen Mensch und Pflanze existiert, die jenseits der bekannten Sprachmöglichkeiten liegt.

Die Magie der Pflanzenwelt ist nicht von der Menschheit abgetrennt – im Gegenteil: Pflanzen stehen untereinander, mit den Tieren und auch mit dem Menschen in stetiger Verbindung und üben sogar Einfluss aus. Es wurde wissenschaftlich erforscht, dass Pflanzen über gasförmige Stoffe kommunizieren können. Ein neuer Trend zeigt, dass viele diese Art der Pflanzenkommunikation, diese Magie, wahrnehmen und als wohltuend, ja sogar heilsam einstufen.

„Waldbaden" ist eine aus Japan stammende Naturheilmethode, die sich auch im europäischen Raum zunehmend an Beliebtheit erfreut. Dabei werden die Pflanzen und Bäume des Waldes wieder verstärkt mit allen Sinnen wahrgenommen, um so ganz bewusst die heilsame Wirkung jener chemischen Botenstoffe, der sogenannten Terpene und Terpenoide, aufzunehmen. Wie bei einer Art Meditation wird dabei der Wald als magischer Kraftort besucht, um innere Ruhe zu finden. Achtsamkeit, Entschleunigung, das Sehen, Riechen und Fühlen stehen im Vordergrund. Vielleicht möchtest du es selbst ausprobieren oder kennst bereits die wohltuende Wirkung eines ausgedehnten Spazierganges oder Tagesausflugs in den Wald. Stress wird reduziert, das Immunsystem gestärkt und das Nervensystem beruhigt. So kannst du auf den Spuren der Druiden wandeln und selbst diese Magie der Pflanzenwelt erleben, welche die Druiden als Selbstverständlichkeit tagtäglich wahrnahmen und ehrten.

Die Heilkraft der Natur neu entdecken

Wir können von den Vorfahren lernen, den Körper, die Gesundheit und die Natur wieder ganzheitlich wahrzunehmen, uns erneut zu sensibilisieren und zu öffnen für die heilsamen Möglichkeiten, die dieses alte Wissen vermitteln möchte. Vergessen schien, dass Menschen nie getrennt von der umgebenden Natur sind, schließlich führten moderne Lebensformen dazu, diese so wichtige Verbindung nicht mehr spüren zu können. So haben sich die Menschen und ihre Lebensumstände seit jener Druidenzeit natürlich sehr verändert und stehen vor neuen Herausforderungen, trotz Umweltgiften und Stressbelastungen fit und gesund zu bleiben. Dabei hat sich in der Geschichte seit den Kelten auch das Bild von Krankheit enorm gewandelt. Während im Druiden- und Schamanentum eine Krankheit erst dann entstand, wenn Körper, Geist und Seele aus dem Gleichgewicht gerieten oder keine Harmonie mehr zwischen Mensch, Natur und Kosmos herrschte, war der Nährboden für Krankheit gelegt. Somit setzte der Heilungsweg stets auf spiritueller, feinstofflicher Seelenebene an, um dieses Ungleichgewicht, das meist schon lange Zeit im energetischen Feld des Menschen vorherrschte, bevor sich körperliche Symptome zeigten, wieder ins Gleichgewicht zu bringen. Die Krankheit selbst wurde dabei als eigene Wesenheit betrachtet und man begab sich auf die Suche nach der Ursache, um diese zu behandeln und Krankheitsgeister und -dämonen zu vertreiben.

Demnach geht es vor allem darum, bei auftretenden Krankheitssymptomen nicht ausschließlich diese zu behandeln, sondern herauszufinden, warum und/oder wodurch die Krankheit überhaupt erst entstehen konnte. In der Schulmedizin werden zur Diagnose einer Erkrankung ausschließlich Befunde erhoben, die sich mit den physischen Symptomen befassen. Weisen sie eine bestimmte Ursache und Struktur auf, lässt sich eine bestimmte Krankheit definieren und entsprechend behandeln. Die Heilkraft der Natur spielt hierbei zunehmend wieder eine wichtige Rolle, weil sie – im Gegensatz zu chemischen Präparaten – sanfter und nebenwirkungsärmer helfen kann. Das erfordert jedoch zuerst eine Rückkehr zu einer ganzheitlicheren Sichtweise des Menschen, die z. B. in der Zeit der Druiden bereits existierte. Der Weg der Heilung umfasst folglich auch die Erkenntnis, dass Körper, Geist und Seele in Zusammenhang stehen und diese wiederum mit Natur und Kosmos in Harmonie und Einklang zusammenarbeiten. Wir sind ein Teil dessen, daher ist es auch möglich, dort Hilfe für die innewohnenden Heilungskräfte zu finden.

Doch warum hat die Natur eine derart große Heilkraft? Pflanzen mussten sich zu aller Zeit schützen, anpassen und weiterentwickeln. Auch sie hatten und haben mit Krankheiten, Parasiten und Fressfeinden zu kämpfen. Doch im Gegensatz zu Mensch und Tier besitzen sie kein eigenes Immunsystem und können auch nicht davonlaufen, wenn Gefahr droht. Also mussten sie sich anders zur Wehr setzen und entsprechende Abwehrstoffe entwickeln, die in der medizinischen Behandlung von Krankheiten immer mehr erforscht und zur Heilung eingesetzt werden. In Pflanzen findet sich jedoch nicht nur ein einzelner wichtiger Abwehrstoff, sondern es existiert immer eine Kombination aus verschiedenen chemischen Zusammensetzungen. Dadurch können die Inhaltsstoffe einer Pflanze bereits ein großes Wirkungsspektrum abdecken, was sich durch die Kombination verschiedener Heilpflanzen weiter erhöhen lässt. Da die Wirkung aber sehr sanft ist, ist oft eine höhere Dosierung notwendig, um einen Heilungsprozess aktivieren zu können. Der Einsatz dieser sogenannten Phytotherapeutika findet immer mehr Beachtung und Anwendung, da sie für viele Menschen verträglicher ist. Dabei bildet das Ziel der Naturheilverfahren, den gesamten Organismus wieder ins Gleichgewicht zu bringen, was sich nicht nur auf den Körper bezieht. Es geht auch darum, Gesundheit wieder selbst in die Hand zu nehmen, eigenverantwortlich und aktiv den Lebensstil zu gestalten und aus sich selbst heraus Heilungsprozesse anzuregen. Alternative Naturheilverfahren wollen dies unterstützen, denn der Körper besitzt die immense Fähigkeit, sich selbst zu heilen. Schon wenn der Haut lediglich ein kleiner Schnitt zugefügt wird, beginnt der Körper sofort, diesen wieder zu reparieren. Da die Naturheilkunde den Menschen in seiner Ganzheit betrachtet, zählt zu den Heilmitteln nicht nur die natürliche Arznei der Natur, sondern auch die Betrachtung innerer und äußerer Einflüsse wie z. B. Gedanken und Gefühle, Stressfaktoren, Ruhepausen zur Regeneration, Ernährung, Beziehungen, Atmung, Wohnraum etc.

Die Phytotherapie, die Pflanzenwirkstoffe zur Heilung einsetzt, nutzten und erforschten bereits unsere geschichtlichen Vorfahren. Und dieses Wissen der alten Druiden, Schamanen, Medizinmänner und -frauen dient heute als Grundlage, um weiter zu forschen und jene Heilkraft der Natur wieder neu für den modernen Menschen und dessen Bedürfnisse zu entdecken.

Chancen und Grenzen der Naturheilkunde

Pflanzenmedizin wird immer öfter nachgefragt und als alternative Heilmethode betrachtet. Auf Basis traditioneller Überlieferungen über die Pflanzenheilkunde gelangen immer mehr innovative Naturheilverfahren auf den Gesundheitsmarkt. Langsam nähern sich die Schulmedizin und die Naturheilkunde einander an, Vorurteile werden abgebaut, um gemeinsame, ganzheitliche Heilmethoden zu entwickeln und Therapieverfahren verbessern zu können.

Die Chancen der Naturheilkunde liegen darin, dass sie jedem frei zugänglich ist und die Kompetenz der Selbsterforschung und -behandlung schult. In Zusammenarbeit mit der Natur kann es dem Körper gelingen, sich wieder selbst zu regulieren und aus eigener Kraft zu heilen, wenn man ihm den entsprechenden Rahmen dafür bietet. Es handelt sich dabei um sanfte und naturgemäße Eingriffe, was einem Patienten natürlich sehr entgegenkommt. Die Naturmedizin überzeugt vor allem durch ihre gute Verträglichkeit bei gleichzeitiger Wirkung. So findet sie immer mehr Anwendung in der Prävention, z. B. zur Stärkung des Immunsystems, und auch bei der Aktivierung der Selbstheilungskräfte bei leichten bis mittelschweren Erkrankungen (z. B. Erkältungen, Magen- und Darmbeschwerden, Entzündungen, Muskelschmerzen etc.). Ebenfalls bei schweren Erkrankungen wie Krebs können die Naturheilmittel unterstützend eingesetzt werden und eine schulmedizinische Behandlung ergänzen.

Doch auch die Naturheilkunde hat ihre Grenzen, die es zu beachten gilt, gerade im Hinblick auf eine Selbstmedikation. Denn ja, Pflanzenmedizin (Phytotherapeutika, Homöopathie, Bachblüten, ayurvedische Nahrungsergänzungsmittel usw.) ist ebenso als Medikament anzusehen und kann entsprechende Nebenwirkungen oder Wechselwirkungen haben, die im nächsten Kapitel noch näher beschrieben werden. Gerade wenn eine Schwangerschaft oder Vorerkrankungen vorliegen, sollte eine Medikation mit dem Arzt oder Heilpraktiker abgesprochen werden. Das ist insbesondere auch angeraten, sollten bereits Allergien bestehen oder allergische Reaktionen auftreten.

Auch können Naturheilverfahren keine Heilung garantieren oder Wunder bewirken. Derartige Heilversprechen wären unseriös und sogar strafbar. Vorsicht ist geboten bei Pflanzenpräparaten, deren Anbau und Herkunft nicht klar deklariert sind. Belastungen durch Herbizide, Pestizide oder Schwermetalle können gesundheitlichen Schaden anrichten. Informiere dich daher stets ausführlich darüber, wo und wie eine Pflanzenmedizin hergestellt wurde, und achte am besten auf einen biologischen und nachhaltigen Anbau der Heilpflanze.

Wenn du dich mit dem alten Heilwissen der Druiden beschäftigst und mithilfe dieses Buches entsprechende Heilpflanzen kennenlernst und zur Selbstmedikation nutzen möchtest, ist es vorher wichtig, zu erkennen, dass auch sie eine Wirkung besitzen, die sich eventuell nicht mit anderen Medikamenten oder Pflanzenpräparaten verträgt. Heilpflanzen sind nicht automatisch frei von Nebenwirkungen und Wechselwirkungen, weil sie natürlich sind. Auch die Natur bringt Pflanzen hervor, die, ebenso wie schulmedizinische Präparate, negative Wirkungen haben können, die es zu beachten gilt. Nebenwirkungen können unter anderem sein: allergische Reaktionen, toxische Effekte sowie negative Interaktionen mit anderen Medikamenten. Daher wirst du bei den im Buch vorgestellten Heilpflanzen auch entsprechende Hinweise finden, die dich auf diese Neben- oder Wechselwirkungen aufmerksam machen.

Die zehn wichtigsten Heilpflanzen der Druiden

Pflanzen spielten im Leben der Menschen immer eine sehr wichtige Rolle. Sie waren Nahrung, Rohstoff, Gewürz- und Genussmittel, Kosmetik und eben auch Heilmittel für auftretende Krankheiten. Die heutige Pflanzenmedizin hat ihre Wurzeln in der Volksmedizin. Zur Zeit der keltischen Stämme erforschten die Druiden die Pflanzen ausführlich und genau, um Verletzungen und Erkrankungen heilen zu können und somit das Überleben der Gemeinschaft zu schützen. Durch das Leben in und mit der Natur verfeinerten sich diese medizinischen Systeme zunehmend und sind so als Bestandteil der heutigen westlichen Medizin nicht mehr wegzudenken.

Doch wie du bereits erfahren hast, waren die Kelten ein Volk, das keine schriftlichen Aufzeichnungen anfertigte und ihre Erfahrungen und ihr Wissen nur mündlich weitergab. Das alte Druidenwissen über Heilpflanzen ist rekonstruierbar aufgrund verschiedener Niederschriften der Römer, welche die Bräuche und Rituale der Kelten dokumentierten.

So wird überliefert, dass sie Heilpflanzen auf verschiedene Weise nutzten. Sie tranken sie unter anderem als Tee, der in handgefertigten Töpfen zubereitet wurde. Auch benutzen sie die zerkleinerten Pflanzen bereits, um entstandene Wunden zu versorgen. Indem sie Öl beimischten, erstellten sie sogar erste Pflanzenpasten zum Auftragen auf die Haut. Durch Pressung der Heilpflanzen fertigten sie Säfte, welche zur inneren Anwendung dienten.

Die Druiden verfügten über ein äußerst umfangreiches Wissen über die Wirkweise der Pflanzen und waren auch auf feinstofflicher Ebene mit ihnen verbunden. Sie sahen die Pflanzen als beseelte Wesenheiten an und nahmen so ihre Heilwirkung ganzheitlich wahr. Die nachfolgend beschriebenen Pflanzen zählen zu den wichtigsten Heilpflanzen der Druiden. Zwar beinhaltete das medizinische System des Druidentums noch viele weitere Pflanzen. Diese Auswahl stellt aber einen Überblick derjenigen Heilpflanzen dar, die du leicht in der heimischen Natur finden und sammeln kannst.

Löwenzahn

Der Löwenzahn wird oft unterschätzt und eher als lästiges Unkraut angesehen. Doch gerade seine Widerstandsfähigkeit und Zähheit bergen Kräfte in sich, die dem menschlichen Organismus sehr zuträglich sein können. Denn sicher ist dir schon aufgefallen, dass der Löwenzahn so ziemlich an allen Orten wachsen kann, selbst in Asphaltritzen und trockenen Plätzen.

Er zählt zu den Korbblütlern, einer großen Blumenfamilie, deren Blüten körbchenförmig erscheinen. Die krautige Pflanze kann eine Wuchshöhe bis zu 30 cm erreichen und bis zu 1 m lange Wurzeln ausbilden. Die gezackten Blätter reihen sich rosettenförmig um den Stil. Der Löwenzahn enthält in allen seinen Teilen einen Milchsaft. Nach seiner Blütezeit verwandelt sich sein Blütenstand in die allbekannte Pusteblume und sendet mithilfe vieler kleiner Schirmflieger seine Samen mit dem Windhauch hinaus.

Als leuchtend gelbe kleine Sonne ist er von wilden Blumenwiesen kaum wegzudenken. Doch wie bereits beschrieben, findet der Löwenzahn auch an ungewöhnlichen Orten seinen Platz zum Überleben. Vor allem in den Monaten April und Mai zeigt er sich in seiner vollen Pracht.

Der Löwenzahn gilt als Heilpflanze mit entgiftender Wirkung. Die Kelten setzten diesen zur Behandlung von Fieber und Gelbsucht ein, da er vor allem die Leber stimuliert, reinigt und stärkt. Dabei verwendeten sie die frischen Blätter als Salat, aber auch seine Wurzel als Reinigungskur für Leber, Niere und Darm. Von den Kelten ist überliefert, dass sie den Löwenzahn als Orakel und für Totenbeschwörungen nutzten.

<u>Wirkung des Löwenzahns:</u>

- Der Löwenzahn hat besonders positiven Einfluss auf alle Verdauungsorgane. Durch seine Bitterstoffe regt er den Appetit an, fördert die Verdauung, hilft bei der Ausscheidung und löst Krämpfe bei Blähungen oder Völlegefühl.
- Bei der Vorbeugung von Gallensteinen spielt der Löwenzahn ebenfalls eine Rolle, denn er regt die Produktion der Gallenflüssigkeit an und sorgt dafür, dass sie dünnflüssig bleibt.
- Er verbessert den Fettstoffwechsel und hilft so bei der Vorbeugung bzw. dem Abbau einer Fettleber.
- Löwenzahn wirkt aufgrund seines hohen Kaliumgehalts harntreibend und hilft dabei, Wassereinlagerungen aus

dem Körper zu spülen. Dies ist auch besonders hilfreich bei Harnwegsinfektionen.
- Bei Schwächezuständen lässt sich die Löwenzahnwurzel einsetzen, um wieder neue Energie zu erlangen. Nieren, Leber, Bauchspeicheldrüse, Milz, Darm und Magen werden durch seine antioxidative Kraft gestärkt und Giftstoffe gleichzeitig aus dem Körper entfernt.

Anwendungsmöglichkeiten:

Wenn du die wohltuende Wirkung des Löwenzahns integrieren möchtest, kannst du dafür alle Teile der Pflanze verwenden. Die getrockneten Blätter und/oder Wurzeln können als Tee aufgekocht werden. Im Handel findest du auch Löwenzahnwurzelextrakt, der in einem aufwendigen Verfahren auf schonende Weise hergestellt wurde. Selbst herstellen kannst du hingegen mithilfe eines Entsafters frischen Saft aus den Löwenzahnblättern. Auch in Smoothies lassen sich die zackigen Blätter und gelben Blüten verwenden. Der weiße Saft des Löwenzahnstängels soll auf der Haut angewendet bei Insektenstichen, Hornhaut, Hühneraugen und Warzen helfen.

Nebenwirkungen:

Da der Löwenzahn viele Bitterstoffe enthält, könnten vereinzelt Magenbeschwerden auftreten. Zu beachten sind allergische Reaktionen auf Korbblütler (z. B. Löwenzahn, Kamille, Ringelblume, Arnika etc.).

Johanniskraut

Das Johanniskraut ist mittlerweile wohl vielen bekannt als die Heilpflanze gegen Depressionen und innerer Unruhe. Wohl kein anderes Heilkraut wurde derart genau untersucht wie das Johanniskraut. Bei allen Krankheiten mit seelischen Ursachen soll sie als Heilpflanze wieder Licht in die innere Dunkelheit bringen. So leuchten ihre kleinen goldgelben Blüten an langen, festen Stielen empor und speichern wie keine andere Pflanze das Sonnenlicht. Das wohl wirkungsvollste der Johanniskrautarten ist das Tüpfeljohanniskraut. Die krautige Heilpflanze kann 30 cm bis 80 cm groß werden und sogar zu einem Strauch oder kleinen Baum heranwachsen. Johanniskraut blüht vor allem in den Monaten Juni bis September und ist auf mageren Wiesen, an Wegrändern oder Steinbrüchen zu finden.

Bei den Kelten war das Johanniskraut eine beliebte Schutzpflanze, die entweder am Körper getragen oder am Haus in Bündeln aufgehängt Geister, Dämonen und negative Einflüsse abwehren sollte. Die Druiden sahen ihr heiliges Symbol, das Pentagramm, in den Blüten des Johanniskrauts. Als heilige Pflanze des Lichts sollte das goldene Kraut der Kelten Melancholie vertreiben und die Stimmung aufhellen. Die keltischen Druiden behandelten mit Johanniskrautöl Verbrennungen, Wunden und Hautläsionen, da das Heilkraut antiseptische und entzündungshemmende Eigenschaften aufweist. Daher ist das Johanniskraut auch unter dem Namen „Wundkraut" bekannt.

Wirkung des Johanniskrauts

- Johanniskraut hat eine stimmungsaufhellende Wirkung bei emotionaler Belastung, Stress und innerer Anspannung. Es wird auch bei Depressionen, Angstzuständen und Panikattacken eingesetzt, da es außerdem beruhigend und nervenstärkend wirkt.
- Aufgrund seiner beruhigenden Wirkung fördert das Heilkraut auch einen entspannten Schlaf.
- Bei Nervenentzündungen kann Johanniskrautöl schmerzlindernd und entzündungshemmend wirken.
- Als Salbe oder Öl kann es die Wundheilung der Haut bei Schürfungen oder Verbrennungen unterstützen. Auch Narben lassen sich damit gut behandeln.
- Johanniskraut wirkt krampflösend und unterstützt Frauen so bei Menstruationsbeschwerden und hormonellem Ungleichgewicht.

Anwendungsmöglichkeiten:

Aus den getrockneten Blüten des Johanniskrauts kannst du einen Tee herstellen, der den Schlaf fördert und sanft beruhigt. Eingelegt in Speiseöl, verfeinern sie dieses mit angenehmer Würze. Die kleinen gelben Blüten sowie junge Blätter kannst du auch roh z. B. in einem Salat verzehren. In 45-prozentigem Alkohol eingelegt, entsteht nach vier Wochen eine Tinktur, die zur inneren Anwendung dient. Täglich dreimal 20 Tropfen eingenommen helfen dir, die Stimmung in der dunklen Jahreszeit aufzuhellen.

Die Blätter und Blüten des Johanniskrauts beinhalten einen roten Saft, der Hypericin enthält und medizinisch als Antidepressivum eingesetzt wird. Um diesen Saft aus den Öldrüsen herauszulösen, muss das blühende Kraut für etwa sechs Wochen in Pflanzenöl (z. B. Olivenöl) eingelegt werden. In einem Schraubglas verschlossen braucht es einen warmen, am besten sonnigen Ort, um zu einem Heilöl heranzureifen. Das anschließend entstandene Rotöl kannst du nun für oberflächliche Hautverletzungen, Sonnenbrand oder zum Einreiben bei Nervenschmerzen, Rückenschmerzen oder Verstauchungen verwenden.

<u>Nebenwirkungen:</u>

Da Johanniskraut hormonelle Einflüsse ausüben kann, sollte eine innerliche Anwendung während einer Schwangerschaft mit dem Arzt oder Heilpraktiker abgesprochen werden. Bei Einnahme der Antibabypille kann die verhütende Wirkung ausgesetzt sein. Auch kann die Wirkung von Herzmedikamenten bei gleichzeitiger Einnahme von Johanniskraut herabgesetzt werden. Die orale Einnahme und lokale Verwendung des Heilkrautes machen die Haut lichtempfindlicher, was bei Sonnenbädern zu Hautrötungen führt.

Beinwell

Beinwell ist eine der ältesten bekannten Heilpflanzen, die bei Gelenk- und Muskelschmerzen Anwendung findet. Die Heilpflanze zählt zu den Raublattgewächsen und ist vor allem an nährstoffreichen und feuchten Standorten wie Acker- und Straßenrändern, nährstoffreichen Wiesen und Wegrändern sowie am Uferrand von Teichen und Seen zu finden. Die krautige Pflanze kann eine Wuchshöhe von ca. 60 cm erreichen und ist mit ihren ca. 50 cm langen Wurzeln fest im Boden verankert. Blätter und Stängel sind mit vielen kleinen Drüsenhaaren besetzt. Von Ende Mai bis Anfang Oktober trägt der Beinwell leuchtend purpurne, traubenartige Blüten. Seine Blätter sind oft löchrig und weisen ein wabenförmiges Muster und auffällige Blattadern auf.

Bei den Druiden bedeutete der Name Beinwell „Pflanze für gebrochene Knochen". Dementsprechend wurde sie vor allem zur Behandlung von Verstauchungen, allerdings nicht bei offenen Wunden, eingesetzt. Die Beinwellpflanze ist giftig und fand daher nur äußerlich Anwendung.

Wirkung des Beinwells:

- Beinwell wird hauptsächlich eingesetzt bei Muskel-, Gelenk- und Gliederschmerzen.
- Das Auftragen einer Beinwellsalbe oder eines Beinwellumschlags kann auch bei Arthrose helfen.
- Bei geschlossenen Wunden unterstützt Beinwell das schnellere Abheilen.
- Entstandene Schmerzen durch Verrenkungen, Verstauchungen, Quetschungen oder Zerrungen können durch die Heilpflanze gelindert werden.

Anwendungsmöglichkeiten:

Für medizinische Behandlungen eignen sich vor allem die Beinwellwurzeln. Mit einem daraus gekochten Sud kannst du ein Tuch tränken und auf die entsprechende schmerzende Stelle auflegen, z. B. bei Nackenverspannungen. Eine im Handel erhältliche oder selbst erstellte Beinwellsalbe kann bei Verspannungen, Krämpfen und Gelenkschmerzen für Linderung sorgen. Zur inneren Anwendung als Tee oder Tinktur eignet sich Beinwell aufgrund seiner toxischen Wirkung nicht.

Nebenwirkungen:

Beinwell enthält lebertoxische Pyrrolizidinalkaloide, weshalb unbedingt davon abgeraten wird, ihn oral einzunehmen. Hautsalben und -wickel mit Beinwell sollten nicht auf offene Wunden aufgelegt werden. Offene Wunden dürfen nicht mit Beinwell behandelt werden, weil er keine antiseptische Wirkung aufweist. Sollte eine allergische Reaktion in Form von Hautreizungen, Ausschlägen oder Jucken auftreten, ist eine weitere Behandlung mit dem Arzt oder Heilpraktiker abzusprechen.

Kamille

Die Kamille ist aufgrund ihres Geschmacks und ihrer Heilwirkung eine besonders beliebte Heilpflanze. Gerade für Kräutertees ist sie sehr begehrt und wird daher in vielen Ländern angebaut. Man erkennt sie vor allem an ihrem charakteristischen, starken Duft und ihrer prägnanten Blütenform, denn ihr Blütenboden wölbt sich stark heraus. Umringt wird dieser durch zungenförmige, weiße Blütenblätter. Sie gehört ebenso wie der Löwenzahn der Pflanzenfamilie der Korbblütler an. Die Pflanze kann bis zu 50 cm groß werden und hat gefiederte, grüngelbe Blätter. Die Kamille mag es gerne warm und erscheint daher meist erst ab Juni. Da sie eher anspruchslos ist, was ihren Nährboden betrifft, findet man sie oft an Straßenrändern oder Feldwegen.

Im Druidentum glaubte man daran, dass die Kamille gegen Verwünschungen und Hexereien helfe. Aber natürlich wurde sie auch aufgrund ihrer hervorragenden medizinischen Eigenschaften benutzt, um z. B. Tees, Inhalationen, Salben und Kompressen zu erstellen. Die Kelten schätzten die Kamille sehr für ihre entzündungshemmenden und antibakteriellen Eigenschaften. Sie behandelten daher damit Verdauungsstörungen aller Art. Auch bei auftretenden Halsentzündungen und -schmerzen wurde die Heilpflanze wirksam eingesetzt. Und auch heute greifen viele Menschen zur Kamille, um von ihrer heilenden Wirkung zu profitieren.

<u>Wirkung der Kamille:</u>

- Kamille wird hauptsächlich bei Verdauungsbeschwerden verwendet. Aufgrund ihrer antibakteriellen und krampflösenden Wirkung hilft sie bei Bauchschmerzen, Durchfall, Verstopfung, Magengeschwüren, Blähungen etc.
- Blasenbeschwerden lassen sich mithilfe von Kamillentee und Sitzbädern lindern, da Kamille die Harnorgane entkrampft, antibakteriell und entzündungshemmend wirkt und die Harnproduktion fördert.
- Aufgrund ihrer beruhigenden Wirkung kann sie auch entspannend und schlaffördernd wirken.
- Die Heilpflanze Kamille ist ein sehr beliebtes Mittel bei Erkältungsbeschwerden. Vor allem bei Halsschmerzen, Angina und Nebenhöhlenentzündungen kann sie die Entzündungen hemmen. Tee und Kamille-Dampfbad können hier wohltuend sein.
- Bei unreiner Haut hilft ein Kamille-Dampfband, die Haut zu beruhigen und z. B. Aknepusteln abzuheilen.
- Menstruationsbeschwerden lassen sich durch Kamille abmildern.
- Äußerlich angewendet, kann Kamille bei der Heilung kleiner Wunden unterstützen. Dazu wird sie als Salbe, Kompresse oder Tinktur auf die entsprechende Stelle aufgetragen.
- Entzündungen im Mundraum; z. B. am Zahnfleisch, können mithilfe von Kamillenspülungen und Gurgeln von Kamillensud abklingen.

Anwendungsmöglichkeiten:

Die wohl bekannteste und beliebteste Anwendung der Kamille ist, diese als Teeaufguss zu trinken. Dafür kannst du dich in den Sommermonaten selbst auf einen Spaziergang begeben und ihre Blütenköpfe einsammeln und trocknen. Damit lassen sich auch die bereits beschriebenen Dampf- und Sitzbäder erstellen, für welche die Blütenköpfchen mit kochendem Wasser übergossen werden und zunächst fünf bis zehn Minuten ziehen müssen. Mit einem Tuch über dem Kopf kann dann der heilende Wasserdampf des Kamillensuds langsam eingeatmet werden. Achte aber auf jeden Fall darauf, dass der Wasserdampf nicht zu heiß ist, damit keine Verbrühungen entstehen können. Es ist auch möglich, ätherisches Kamillenöl für Inhalationen zu nutzen. Wie bereits beim Johanniskraut beschrieben, lassen sich mit den Kamillenblüten ebenfalls Tinkturen mit Alkohol und Kamillenöl herstellen. Die Verfahrensweise ist hierbei die gleiche. Es kann auch sehr entspannend sein, dem Badewasser Kamillenaufguss und -blüten beizufügen oder hierfür ätherisches Öl zu benutzen.

Nebenwirkungen:

Grundsätzlich ist die Kamille sehr nebenwirkungsarm und auch keine Wechselwirkungen mit anderen Medikamenten sind bekannt. Bei äußerlicher Anwendung kann es zu Hautreizungen kommen, wenn eine Allergie vorliegt oder bei sehr trockener Haut, da die Kamille zusätzlich austrocknend wirkt. Die Kamillenblüten besitzen feinste Härchen, die bei Kontakt mit den Augen zu Entzündungen führen können. Solltest du Reizungen oder andere Symptome wahrnehmen, kontaktiere bitte umgehend deinen Arzt oder Heilpraktiker.

Klette

Die Klette ist vielen vor allem daher bekannt, weil sie sich gerne in der Kleidung oder den Hundehaaren verhakt und es gar nicht so einfach ist, sie wieder loszuwerden. Doch wie der Löwenzahn wird die Klette zwar als Unkraut angesehen, überzeugt allerdings durch ihre vielfältige Heilwirkung. Sie gehört ebenfalls zur Pflanzenfamilie der Korbblütler.

Die Klette wächst gerne an Waldrändern, Äckern, Dorfwiesen, Schuttplätzen und Wegen. Sie beginnt in Bodennähe mit großen Blättern und entwickelt erst ein Jahr später einen Stängel mit mehreren verzweigten Ästen. Die Klette kann dabei bis zu 1,20 m hoch werden. Nach oben hin werden die Klettenblätter immer kleiner. Die Blüten der Klette erinnern an Disteln und wachsen als Dolden am Ende der Zweige. Damit sich die Klette optimal verbreiten kann, sind die violetten Blüten von vielen Hüllblättchen umgeben, die wie kleine Haken wirken und sich an entsprechenden Transporteuren festhalten. Gesammelt wird sie am besten in den Herbstmonaten September und Oktober.

Bei den Kelten hatte die Klette eine große Bedeutung für die Heilung ihres Viehs. Man hängte sie über die Eingänge der Ställe, um Hexen und Dämonen abzuwehren. Sie fand aber auch Verwendung als Medizin in der Ernährung. So wurden z. B. ihre Wurzeln gegessen, um den Körper zu entgiften. Die Druiden wussten um die stimulierende Wirkung der Klette auf Lunge, Leber, Nieren, Schweißdrüsen, Lymphsystem und die Harnwege. Auch Hautprobleme behandelte man mit dieser Heilpflanze.

Wirkung der Klette:

- Eine Tinktur gewonnen aus der Klettenwurzel kann auf die Kopfhaut aufgetragen gegen Haarausfall helfen.
- Die Klette wirkt schweiß- und harntreibend und kann so den Körper optimal bei der Entgiftung unterstützen.
- Auch wird ihr eine blutreinigende Wirkung zugeschrieben und sie kann bei vorliegender Blutarmut helfen.
- Wirksame Hilfe bringt die Klette bei Hautproblemen aller Art. Unreine Haut, Ausschläge, Prellungen, Schürfungen, Akne und Ekzeme können mit einem Klettenaufguss behandelt schneller heilen. Das gilt auch für Verletzungen oder Entzündungen im Mund- und Rachenraum.
- Aufgrund ihrer beruhigenden Wirkung kann sie bei Schlafproblemen, Nervosität, Reizbarkeit und Stress helfen, wieder in das eigene Gleichgewicht zu kommen. Das gilt z. B. auch für einen nervösen Darm, da sie sanft die Verdauung reguliert. Durch äußere Anwendung können Muskelverspannungen und -krämpfe, Gelenkschmerzen und Arthritis behandelt werden.
- Herausgefunden wurde, dass sich die Klette auch positiv auf den Blutzuckerspiegel auswirkt und so bei Diabetes Anwendung finden kann.

Anwendungsmöglichkeiten:

Wenn du die sanfte Heilwirkung der Klette für dich nutzen möchtest, kannst du aus ihren getrockneten Blättern und Wurzeln einen Teeaufguss herstellen. Dafür kochst du sie etwa fünf Minuten in Wasser auf und lässt den Sud danach noch zugedeckt zehn bis fünfzehn Minuten stehen. Auch aus der Klette kannst du eine Tinktur herstellen, um z. B. Haarausfall zu behandeln. Dafür kochst du einen Esslöffel getrocknete Klettenwurzel mit etwa einem Liter Wasser aus und mischt danach etwas Apfelessig hinzu. Diese Klettentinktur kannst du im Kühlschrank aufbewahren und täglich in deine Kopfhaut einmassieren. Der Apfelessiggeruch verfliegt nach einiger Zeit. Zur inneren Anwendung erstellst du die Tinktur mit zwei Tassen 45-prozentigem Alkohol (z. B. Wodka), den du mit einer Tasse getrockneter Klettenwurzeln in ein dunkles Glas füllst. Deine Klettentinktur sollte zwei Wochen ziehen, damit sie ihr volles Potenzial entfalten kann. Das Klettenöl lässt sich für die Behandlung und Einreibung der Haut verwenden. Dieses stellst du im gleichen Verfahren wie das Rotöl des Johanniskrauts her, indem du die Wurzeln etwa sechs Wochen in Pflanzenöl ziehen lässt. Die Klettenwurzeln, -blätter und -stängel kannst du auch als Gemüse in deine Ernährung integrieren und z. B. gedünstet, in Suppen oder Salaten verzehren.

Nebenwirkungen:

Aufgrund der sanften Heilwirkung der Klette sind keine Nebenwirkungen bekannt. Bei einer Allergie gegen Korbblütler sollte diese jedoch vor einer Anwendung bedacht werden. Bei Anzeichen allergischer Reaktionen suche bitte deinen Arzt oder Heilpraktiker auf.

Mistel

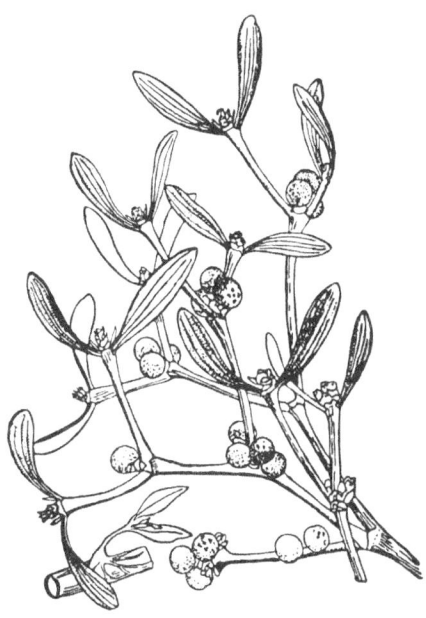

Es ist ein altbekannter Brauch, dass sich Paare unter einem Mistelzweig küssen, um ihre Liebe zu stärken. Doch woher kommt dieser Brauch? Bei der Mistel handelt es sich um eine sogenannte „Halbschmarotzerin", denn sie wächst auf anderen Bäumen oder Sträuchern, ihrer Wirtspflanze. Dabei verzweigen sich ihre Äste stark mit ihrem Träger, um genügend Wasser und Nährstoffe zu erhalten. Dafür senkt die Mistel ihre Wurzeln durch die Rinde der Wirtspflanze hindurch bis ins Holz, um sich dort zu verankern und aus dem Pflanzensaft ihre Nahrung zu ziehen. So lebt sie in tiefer Symbiose mit ihrem Baum oder Strauch zusammen und sie unterstützen sich gegenseitig. Da diese Eigenschaften auch in Paarbeziehungen wichtig sind, entstand dieser schöne Brauch.

Oft entdeckt man die Mistel erst, wenn die Wirtspflanze ihre Blätter verliert und sie kugelförmig wachsend in den Ästen erscheint.

Daher wird sie vor allem im Frühling oder Spätherbst bis in den Winter hinein gesammelt. Misteln bevorzugen bestimmte Baumarten wie z. B. Apfelbäume, Pappeln und Tannen. Ab und zu findet man sie auch auf Kiefern, Linden oder Weiden. Sehr selten wächst diese Heilpflanze auf einer Eiche, weshalb sie dort für die Druiden als besonders heilkräftig galt. Die Zweige der Mistel tragen hellgrüne Blätter, die sich am Ende als zwei gebogene Blätter gegenüberstehen. Die Mistel entwickelt ab etwa Ende Februar gelbe Blüten, aus denen sich anschließend etwa erbsengroße gelblich-weiße Beerenfrüchte bilden.

Für die keltischen Druiden war die Mistel die bedeutendste Pflanze und galt als Geschöpf des Himmels, das die Götter höchstpersönlich fallen lassen haben und nun in den Zweigen der Bäume lebt. Daher durfte sie auch nur von Druidenpriestern zu einem bestimmten Mondstand, in einem weißen Kleid und mit einer goldenen Sichel abgeschnitten werden. Die Kelten verehrten die Mistel, aber auch den Baum oder Strauch, auf dem sie wuchs. Diese mystische Heilpflanze wurde als magisches Zauberkraut vielseitig verwendet. Zum einen galt sie als Schutzpflanze und hatte die Kraft, alles Negative abzuwenden, wie z. B. Hexerei, Zauberei, Geister und Dämonen. Sie wurde als Amulett am Körper getragen und über der Haustür und dem Stalleingang angebracht. Auch wurde sie für Räucherungen benutzt und ihre Asche als magischer Schutz ausgestreut. Der Verzehr von Mistelbeeren, die in großen Mengen halluzinogen wirken, wurde bei Ritualen genutzt, um in „andere Welten" zu reisen.

Auf körperlicher Ebene galt sie als „Heil aller Schäden". Man stellte aus ihr z. B. einen besonderen Trank her, um Vergiftungen zu heilen. Auch glaubte man daran, dass sie eine fruchtbarkeitsfördernde Wirkung habe und kinderlosen Paaren helfen könne. Die Mistelmedizin wurde als Allheilmittel ebenfalls bei Bluthochdruck,

Arteriosklerose, Epilepsie, Wechseljahrbeschwerden, nervösen Zuständen, Asthma, Kopfschmerzen und Dermatitis angewendet.

Wirkung der Mistel:

- Die Mistel wird vor allem als Blutdruck regulierendes Mittel eingesetzt. So kann sie helfen, Bluthochdruck zu senken, aber auch niedrigen Blutdruck zu steigern.
- Als Heilpflanze dient sie allgemein zur Stärkung des Herzens, denn sie hilft bei Begleiterscheinungen der Arterienverkalkung, harmonisiert unruhigen Herzschlag und kräftigt die Gefäße.
- Sie mildert Schwindelgefühle und Ohrensausen.
- In der Krebstherapie unterstützt die Mistel bei negativen Nebenwirkungen der Chemotherapie. Hier werden Mistelpräparate per Injektion verabreicht.
- Wechseljahr- und Menstruationsbeschwerden lassen sich durch die Mistel lindern.
- Sie stellt auch eine wertvolle Heilpflanze nach Geburten dar, da sie eine blutstillende Eigenschaft hat und so Gebärmutterblutungen stoppen kann. Der Wochenfluss wird so abgekürzt bzw. abgeschwächt.
- Eine äußerliche Anwendung hilft bei Ekzemen, Krampfadern, Geschwüren, rheumatischen oder neuralgischen Beschwerden.
- Misteltee regt den Stoffwechsel und die Verdauung an.

Anwendungsmöglichkeiten:

Die Mistel ist leicht giftig, weshalb sie nur behutsam eingesetzt werden sollte. Für den Verzehr ist die Pflanze nicht geeignet. Die Giftstoffe aus Zweigen und Blättern gehen jedoch bei einem Kaltauszug nicht in das Wasser über. So kannst du das Mistelkraut über Nacht in Wasser einlegen, am nächsten Morgen absieben und für einen Tee leicht erwärmen. Der Kaltauszug kann auch für Umschläge zur äußerlichen Anwendung benutzt werden, um z. B. Ekzeme zu behandeln. Wie bei den vorangegangenen Heilpflanzen bereits beschrieben, kannst du auch mit der Mistel eine Tinktur oder ein Öl herstellen, da es sich hierbei ebenfalls um einen Kaltauszug handelt.

Nebenwirkungen:

Da diese Ritual- und Heilpflanze leicht giftig ist, sollte sie lediglich sehr reduziert bzw. unter Rücksprache mit einem Arzt oder Heilpraktiker eingesetzt werden. Neben allergischen Reaktionen könnte es bei Überdosierung zu Schüttelfrost, Fieber, Kreislaufstörungen, Kopfschmerzen und pektanginöser Brustenge kommen. Gehe daher bitte verantwortungsvoll mit gekauften oder selbst hergestellten Mistelpräparaten um und hole dir im Zweifelsfall professionellen Rat.

Baldrian

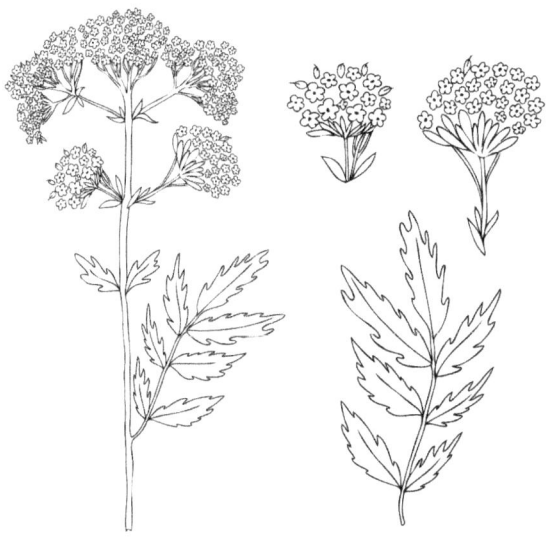

Wer nur schwer in den Schlaf findet oder seine Nervosität beruhigen möchte, wird bei der Suche nach Hilfe schnell auf die Heilpflanze Baldrian stoßen. Denn sie ist ein gut erforschtes und beliebtes Heilmittel bei innerer Unruhe und gereizten Nerven. Man nennt ihn auch „Allerweltsheil", da er in der Volksheilkunde für vielerlei Beschwerden eingesetzt wurde.

Zu finden ist der intensiv duftende Baldrian vor allem auf Waldlichtungen, in feuchten Laubwäldern, am Wegesrand und Ufern. Das schlanke Kraut kann eine Wuchshöhe bis zu 2 m erreichen und sieht wie ein Doldenblütler aus. Seine Blätter sind gefiedert und die weißen bis zartrosa Blüten schirmrispig am Ende eines Stängels angeordnet. Seine Blüten können in den Sommermonaten Juli und August gesammelt werden, das Ausgraben seiner Wurzel erfolgt anschließend im herbstlichen

Oktober. Beide Teile der Heilpflanze werden für medizinische Zwecke benutzt.

Die beruhigenden und entspannenden Eigenschaften des Baldrians waren auch den Druiden bekannt und daher wurde er als starke Schutzpflanze verwendet und verehrt. In seinem Schutzmantel war vollkommene Entspannung möglich, bei gleichzeitiger Abgrenzung nach außen hin. Daher wurde Baldrian ebenfalls als schützendes Amulett getragen und im Haus aufgehängt, um Hexen und Dämonen zu vertreiben. Man sagte ihm nach, dass er sein Potenzial vor allem in der Nacht entfalte, er die Macht des Mondes in sich trüge und dabei helfe, Hellsichtigkeit zu erlangen. Die Druiden nutzten das Baldriangewächs auch, um Schmerzen zu stillen, z. B. bei Krämpfen, Muskel- und Gelenkschmerzen.

Wirkung des Baldrians:

- Baldrian wirkt bei allen psychosomatisch bedingten Erkrankungen, wie z. B bei. Reizdarm, Magengeschwüren, Schlafstörungen, ausgleichend und beruhigend.
- Er beruhigt, macht aber dabei nicht müde und schläfrig. Daher kann er auch Anwendung bei Prüfungsangst finden.
- Seine krampflösende Eigenschaft unterstützt Frauen mit Menstruationsbeschwerden.
- Da er zum einen beruhigt, zum anderen aber auch die Konzentration fördert, kann er hyperaktiven Kindern ab zwölf Jahren helfen, den Schulalltag besser zu meistern.
- Einreibungen helfen bei Muskel- oder Nervenschmerzen. Auch rheumatische Beschwerden und Arthritis lassen sich damit behandeln.

Anwendungsmöglichkeiten:

Mittlerweile findest du viele Baldrianprodukte wie z. B. Tees, Dragees oder Tabletten sogar bereits im Supermarkt. Die Dosierung ist dabei sehr unterschiedlich und dient von leichter Beruhigung bis zur Behandlung massiver Schlafstörungen. Oft wird Baldrian in Kombination mit weiteren entspannungsfördernden Heilkräutern wie Melisse, Hopfen, Beifuß und Passionsblume benutzt. Die wohl einfachste Nutzung dieser Heilpflanze ist, sie als einschlaffördernden Tee vor dem Schlafengehen einzunehmen. Dafür kannst du entweder einen Kaltauszug mit Baldrianwurzeln am Tag ansetzen, indem du zwei Teelöffel davon in einer großen Tasse Wasser einweichst. Oder du überbrühst die getrockneten Wurzeln und lässt den Sud noch zehn bis fünfzehn Minuten lang ziehen. Beide Teevarianten kannst du auch mit getrockneten Baldrianblüten ansetzen, ihre Wirkung ist jedoch milder, sie haben aber einen angenehmeren Duft. Junge, zarte Baldrianblätter können auch als Zutat in Salaten roh verzehrt werden. Da Baldrian ungiftig ist, ist der Verzehr unbedenklich. Wie auch bei den bereits vorgestellten Heilpflanzen kannst du eine Tinktur herstellen, die du dann z. B. als Beruhigungs- oder Einschlaftropfen einnimmst. Jede Tinktur kannst du natürlich mit Wasser verdünnen, wenn sie zu stark ist. Eine weitere schöne Möglichkeit, einen erholsamen Schlaf zu fördern, ist ein Kräuterkissen. Dafür befüllst du eine kleine Kissenhülle mit getrockneten Baldrianblüten. Als zusätzliche Heilpflanzen eignen sich auch Lavendelblüten, Melisse und Hopfen. Lege dieses Kräuterkissen neben dein Kopfkissen und atme den beruhigenden und sanften Duft ein, um langsam und entspannt in die Traumwelt zu gleiten. Die Heilwirkung des Baldrians potenziert sich mit der Dauer und Regelmäßigkeit der Anwendung. Es kann daher sein, dass es bis zu zwei Wochen dauert, bis sich die komplette Wirkung bei dir einstellen kann. Wenn du selbst Baldrian sammelst und trocknest, achte darauf, dass deine Kräuterbündel für Katzen unzugänglich sind, denn sie lieben den Duft des Heilkrauts und könnten deine Sammlung eventuell verunreinigen.

Nebenwirkungen:

Da noch keine ausführlichen wissenschaftlichen Erkenntnisse darüber bestehen, ob eine Einnahme unbedenklich ist, sollte Baldrian während einer Schwangerschaft und der Stillzeit nicht eingenommen werden. Eine Kombination mit anderen, chemischen Schlafmitteln sollte nicht angewandt werden. Bei manchen Menschen wirkt Baldrian sehr entspannend und beruhigend, sodass das anschließende Autofahren oder Bedienen von Maschinen vermieden werden sollte. Bei einer Überempfindlichkeit kann eine Reizung des Magen-Darm-Bereiches auftreten. Wie bei allen Heilpflanzen gilt auch hier: bei auftretenden Neben- oder Wechselwirkungen das Präparat sofort abzusetzen und einen Arzt oder Heilpraktiker zu konsultieren.

Blaubeere

Nachdem du bereits viele wichtige Heilkräuter der Druiden kennengelernt hast, wird dir nun eine ganz besondere Beere vorgestellt, die zu den natürlichen Heilmitteln der Kelten zählte. Die Blaubeere, auch Schwarzbeere oder Heidelbeere genannt, ist ein wahres Superfood und für jeden und zu jeder Jahreszeit verfügbar, da du sie auch im Tiefkühlfach deines Supermarktes findest. Die Zwergsträucher der Blaubeere bevorzugen humusreichen Boden, sodass du sie vor allem bei Spaziergängen durch den Wald finden kannst. Das Heidekrautgewächs siedelt sich aber auch im Gebirge an. Der kleine, etwa 50 cm hohe Strauch trägt eiförmige Blätter und blüht von Mai bis Juni. Ab Juli bis September trägt er schließlich die süßen, blauroten Beeren. Als Heilmittel werden vor allem die Beeren in frischer und getrockneter Form verwendet. Die Blätter des Blaubeerstrauches sollen eine blutzuckersenkende Wirkung haben, allerdings ist dieser Heilmechanismus bis heute noch sehr wenig erforscht, weshalb hier in dieser Beschreibung nur die Beerenfrucht berücksichtigt wird.

Für die Druiden war die Blaubeere eine geschätzte Heilfrucht und einfach zu sammeln, da sie in lichten Wäldern reichlich vorhanden war. So konnte man sie einfach und schnell sammeln und konsumieren. Dass die kleine dunkelblaue Frucht wohl eine große Bedeutung bei den Kelten hatte, zeigt sich darin, dass sie auch unter dem Namen Druidenbeere bekannt ist. Im Druidentum wurde sie vor allem wegen ihrer Wirkung bei Durchfallerkrankungen geschätzt. Sie bereiteten aus den Blättern und Beeren eine Teemischung zu, die aufgrund des hohen Gerbstoff- und Pektingehalts Verdauungsprobleme heilen konnte.

Wirkung der Blaubeere:

- Die Blaubeere ist reich an Vitaminen, Mineralstoffen und Antioxidantien. Dadurch bietet sie eine hohe Schutzwirkung auf Zellebene, was auch in der Prävention und Behandlung gegen Krebs unterstützend ist.
- Sie ist reich an Flavonoiden und begrenzt so die Insulinresistenz, die den Blutzucker besser kontrolliert.
- Verdauungsstörungen, vor allem Durchfallerkrankungen, können mithilfe von getrockneten Blaubeeren gelindert oder gestoppt werden.
- Blaubeeren wirken antibakteriell und antientzündlich, weshalb sie bei Verletzungen im Mund- und Rachenraum helfen können.
- Äußere Anwendung findet die Blaubeere bei der Behandlung von Ekzemen, juckenden Hautausschlägen und Geschwüren.
- Aufgrund ihres hohen Vitamingehalts wird der Blaubeere auch eine die Sehkraft stärkende Wirkung nachgesagt.

Anwendungsmöglichkeiten:

Zur Erstellung von Heilmitteln aus der Blaubeere sind vor allem die getrockneten Früchte zu benutzen. Aufgebrüht mit heißem Wasser kannst du daraus einen Tee erstellen und über den Tag verbreitet trinken. Besonders lecker schmecken die frischen Früchte und können in den Speiseplan, z. B. in Smoothies oder Säfte, integriert werden. In Alkohol eingelegte Beeren ergeben eine Tinktur, die du vor allem äußerlich bei Hauterkrankungen anwenden kannst. Aus getrockneten Beeren lässt sich auch ein Pulver erstellen, das angerührt mit Wasser als Paste aufgetragen werden kann oder auch als Zutat in Speisen verwendet wird.

Nebenwirkungen:

Wie bereits erwähnt, sollten die Blätter der Blaubeere nicht oder nur nach Absprache mit einem Arzt oder Heilpraktiker verwendet werden. Sie können als Tee konsumiert wohl den Blutzuckerspiegel senken, jedoch bei Überdosierung oder längerem Gebrauch zu Vergiftungserscheinungen führen. Eine geringe Menge der Blaubeerblätter in Teemischungen ist unbedenklich. Die getrockneten Beerenfrüchte helfen bei Durchfallerkrankungen – konsumiert man allerdings zu viele der frischen Früchte, können sie abführend wirken und daher Durchfall verursachen. Blaubeeren enthalten unter anderem Salicylsäure, die eine blutverdünnende Wirkung hat. Daher sollte sie nicht übermäßig genossen werden in Kombination mit blutverdünnenden Medikamenten (z. B. Aspirin). Wie immer gilt es, das richtige Maß zu finden und Heilpflanzen bedacht und wohldosiert einzusetzen. Allergische Reaktionen und Kreuzallergien können auch bei Beerenfrüchten auftreten, weshalb bei derartigen Anzeichen ärztliche Konsultation ratsam ist.

Hagebutte

Die Hauptwirkung der Hagebutte als Heilpflanze liegt – aufgrund ihres hohen Gehalts an Vitamin C – in der Stärkung des Immunsystems. Aus der zartrosa oder weißen Blüte der Wildrose, auch Heckenrose genannt, reift im Herbst die rote Powerfrucht heran. Da die Wildrose sehr pflegeleicht ist, wird sie teilweise angebaut, ist aber auch wild wachsend in Hecken und Böschungen zu finden. Verwendung zu Heilzwecken findet die leuchtend rote Schale der Hagebutte. Neben dem hohen Vitamin-C-Gehalt, überzeugt die Heilpflanze mit ihrem hohen Anteil an Polyphenolen, Carotinoiden und Gerbstoffen. Ihr wird eine antioxidative, leicht gerbende und grundsätzlich gesundheitsfördernde Eigenschaft zugeschrieben, weshalb sie seit Jahrhunderten in der traditionellen Medizin Verwendung findet.

Die Kelten setzten die Hagebutte zur Vorbeugung und Behandlung von Influenza und Infektionskrankheiten ein. Das

Holz der Wildrosenhecke benutzte man für die Verbrennung der Toten. Aus der Hagebutte selber stellten die Kelten Mus her. Schneidet man eine Hagebutte in der Mitte durch, wird die Form eines Pentagramms sichtbar. Das Pentagramm war für die Druiden ein heiliges Symbol. Hecken galten grundsätzlich als Schutzpflanzen und wurden auch als solche eingesetzt. Die kleinen roten Früchte der Hagebutte fanden auch als Glücksbringer und Hausschmuck Verwendung.

Wirkung der Hagebutte:

- Primär dient die Hagebutte in der kalten Winterzeit zur Vorbeugung und Heilung von Erkältungs- und Grippeerkrankungen.
- Der hohe Vitamin-C-Gehalt führt dazu, dass das Immunsystem stimuliert, aufgebaut und gestärkt wird. Insgesamt wird das gesamte Herz-Kreislaufsystem gestärkt.
- Hagebutten haben eine entzündungshemmende Wirkung, was gerade bei Gelenkschmerzen, Arthrose und Rheuma unterstützen kann.
- Als natürliches und verträgliches Schmerzmittel hilft Hagebuttenpulver bei Magen- oder Leberschmerzen.
- Die Heilpflanze beugt mit dem Inhaltsstoff Galaktolipid Kalkablagerungen in Gefäßen und damit Arteriosklerose vor.
- Der roten Powerfrucht wird eine harntreibende Funktion zugeschrieben, sodass Hagebuttentee oder -pulver bei Harnwegsinfektionen Linderung bringen kann.

Anwendungsmöglichkeiten:

Die Hagebutte ist nicht umsonst in vielen Teemischungen, vor allem in Früchtetees, enthalten, denn sie sorgt für eine fein säuerliche Note. Vor allem an heißen Sommertagen kann ein Eistee, aufgebrüht aus getrockneten Hagebuttenschalen, sehr erfrischend wirken. Eine gesunde und schmackhafte Variante, die Heilpflanze in den Speiseplan zu integrieren, ist ein Hagebuttenmus. Dieses kannst du einfach herstellen, indem du die reifen Früchte mit etwas Wasser und Zitronensaft einkochst und anschließend das Mus durch ein Sieb drückst, um die Kerne herauszufiltern. Wenn du es süßer magst, lässt sich das Hagebuttenmus mithilfe von Gelierzucker und Apfelsaft auch zur Marmelade verarbeiten. Durch den Kochvorgang verliert die Hagebutte allerdings etwas von ihrem Vitamin-C-Gehalt. Anders bei der Herstellung von Hagebuttenpulver: Hier werden die Schalen, ohne Kerne, schonend getrocknet. Der Vitamingehalt bleibt erhalten, wenn dies bei Temperaturen unter 40 °C stattfindet und somit Rohkostqualität hat. Das Trocknen kann im Sonnenlicht oder einem entsprechenden Dörrautomaten erfolgen. Anschließend kannst du die getrockneten Früchte im Mixer zum Pulver verarbeiten und damit Getränke oder Pasten herstellen. Hagebuttenpulver findest du aber auch in Bioqualität in Biomärkten, Reformhäusern und Apotheken.

Nebenwirkungen:

Die Hagebutte ist eine sehr schonende Heilpflanze, weshalb keine Nebenwirkungen bekannt sind. So kann diese Vitamin-C-reiche Frucht auch von Kindern und Schwangeren verwendet werden. Bei auftretenden Allergien oder allergischen Reaktionen konsultiere bitte einen Arzt oder Heilpraktiker. Vorsichtig solltest du bei der Verarbeitung der Hagebutte sein, da ihre Kerne mitunter zu Juckreiz auf der Haut führen.

Weidenbaum

Im mitteleuropäischen Raum gibt es viele verschiedene Weidenarten. Am bekanntesten sind wohl die Trauerweide, Korbweide, Katzenstrauch und Silberweide. Da sie Feuchtigkeit lieben, findet man sie vor allem an Flüssen, Seen, Feuchtwiesen sowie Wassergräben. Entsprechend der Weidenart kann sie zwischen 3 und 30 m hoch werden. Sehr bekannt sind geflochtene Weidenkörbe, da die jungen Zweige der Weide sehr biegsam sind und eine glänzend glatte Rinde aufweisen. Später, beim älteren Stamm, zeigt sie sich eher borkig grünlichgelb bis braungrau. Man erkennt sie an ihren dunkelgrünen Blättern, die an der Unterseite eher silbrig schimmern. Außer bei der Trauerweide, die weibliche und männliche Blüten aufweist, sind Weidensträucher und -bäume getrenntgeschlechtlich. Je nach Art zeigen sich die Blüten unterschiedlich als runde, eiförmige oder walzenförmige Weidenkätzchen. Sie sind bei Bienen und Insekten als Nahrungsquelle sehr beliebt, da sie bereits sehr früh, manchmal schon vor Erscheinen der Blätter, blühen. Als medizinische Bestandteile werden die Blätter und die Rinde genutzt, die bereits im Frühjahr gesammelt wird, da sie sich dann am leichtesten abschälen lässt.

Die Weide war im Druidentum einer der heiligen Bäume. Ihr Holz wurde von den Vorfahren zur Herstellung von Harfeninstrumenten benutzt. Die biegsamen Zweige dienten zur Herstellung von Korbflechtarbeiten oder zur Errichtung von lebendigen Zäunen, da ein in die Erde gesteckter Zweig schnell wieder Triebe bildet. Die Weide war bei den Kelten den Heilern und Zauberern geweiht, was ihr im Mittelalter den Ruf des Hexenbaums einbrachte. Aufgrund ihrer Stärke und immer wiederkehrenden Lebenskraft wurde die Weide als lebensspendende Heilpflanze betrachtet. Sie galt als Baum des Mondes, der bei Hitze Kühlung brachte. Druiden nutzten Aufgüsse aus Weidenrinde, um z. B. Fieber zu senken oder Wehenschmerzen bei der Geburt zu lindern. Die schmerzstillende Wirkung, die den keltischen Druiden bereits bekannt war, wurde später wissenschaftlich genau untersucht. Man begann, Salicin aus der Heilpflanze zu isolieren, was zur Herstellung von Salicylsäure benutzt wurde. Mit fortschreitender Forschung entwickelte sich daraus der Stoff Acetylsalicylsäure, der heute als bekanntestes Schmerzmittel in synthetischer Form z. B. in Aspirin verwendet wird.

<u>Wirkung der Weide:</u>

- Weide ist als Heilpflanze sehr wirksam als natürliches Schmerzmittel z. B. bei Arthrose, Kopfschmerzen und Migräne, Muskel- und Gelenkschmerzen.

- Aufgrund ihrer entzündungshemmenden Wirkung wirkt sie unterstützend bei rheumatischen Erkrankungen, Erkältungs- sowie Infektionserkrankungen.
- Die schweißtreibende Wirkung der Weide hilft, Fieber zu senken.
- Weidenrinde kann – äußerlich angewendet – harte Hautstellen aufweichen und daher bei Hornhaut, Hühneraugen und Warzen helfen.

Anwendungsmöglichkeiten:

Die häufigste Art, die Weide als Heilpflanze zu nutzen, bildet der Aufguss eines Weidenrindentees. Dafür übergießt du für eine Tasse Tee etwa zwei Teelöffel getrocknete Weidenrinde mit kochendem Wasser und lässt es zehn Minuten ziehen. Du kannst aus der Weidenrinde ebenfalls eine Tinktur herstellen, indem du sie mit hochprozentigem Alkohol übergießt und in einer dunklen Flasche sechs Wochen ziehen lässt. Die Tropfen kannst du pur oder mit Wasser verdünnt einnehmen, wenn du z. B. Kopfschmerzen oder Erkältungen behandeln möchtest. Die in der Weidenrinde enthaltenen Salicinverbindungen werden dann in der Leber zu Salicylsäure, dem schmerzstillenden Wirkstoff, umgewandelt. Zur äußeren Anwendung kannst du den Weidenrindensud oder die Weidentinktur benutzen, um Umschläge oder Bäder herzustellen. Um eine Wirkung zu erzeugen, solltest du diese regelmäßig anwenden.

Nebenwirkungen:

Aufgrund des hohen Gehalts von Gerbstoffen in der Weide, können Reizungen der Magenschleimhaut auftreten. Schwangere und Stillende sollten diese Heilpflanze nicht verwenden. Aufgrund des Salicingehalts sollte Weide nicht zusammen mit synthetischen Schmerzmitteln wie z. B. Aspirin verwendet werden. Nebenwirkungen oder allergische Reaktionen sollten direkt mit einem Arzt oder Heilpraktiker abgeklärt werden.

Die zehn wirkungsvollsten Heilpflanzen für gängige Beschwerden

Anhand der Darstellung der zehn wichtigsten Heilpflanzen der Druiden und deren umfangreichen Wirkungsweisen wird deutlich, dass ein umfangreicher Wissensschatz der Vorfahren vorliegt, der die Menschen nach wie vor dabei unterstützen möchte, wieder mehr im Einklang mit der Natur und dem eigenen Körper zu leben. Die Auseinandersetzung mit verschiedenen Heilpflanzen kann dir helfen, präventiv sowie durch Selbstbehandlung in deine Selbstverantwortung zu kommen, deine Gesundheit aktiv in die Hand zu nehmen. Wie du bereits erfahren hast, geht die Naturheilkunde davon aus, dass Körper, Geist und Seele eine Einheit bilden und es daher wichtig ist, dich in einem ganzheitlichen Licht zu betrachten. Ursachen für Erkrankungen erweisen sich oft als vielschichtig und erfordern Achtsamkeit und Geduld in der Selbsterforschung.

Heilpflanzen werden bereits nach wissenschaftlichen Methoden zu medizinischen Produkten (Phytotherapeutika) aufbereitet, indem man einzelne Wirkstoffe isoliert. Und auch die Schulmedizin forscht und nutzt die Kraft der Heilkräuter. Aus vielen alternativen Heilverfahren, wie z. B. Homöopathie, Bachblüten, Ayurvedamedizin, sind sie nicht wegzudenken. In der traditionellen Pflanzenheilkunde wurde und wird die vollständige Pflanze verwendet, um vom vollen Spektrum der Wirkkomplexe profitieren zu können. Tees, Aufgüsse, Tinkturen und Ölauszüge stehen hierbei im Vordergrund. Im Gegensatz zur wissenschaftlich erstellten und überprüften Phytotherapie unterliegt die klassische Verarbeitung der Heilpflanzen größeren Schwankungen der Inhaltsstoffe und Wirkungsweise. Doch seit Generationen wird das Wissen über Heilkräuter weitergegeben, sodass ihr allein angesichts ihres großen Erfahrungswertes ein bedeutender Stellenwert in der Naturheilkunde zukommt.

Doch ebenso wie synthetische Medizinprodukte und Nahrungsergänzungsmittel können Heilpflanzen eine gesunde Lebensweise nicht ersetzen, sondern stets nur komplettieren. Aufgrund ihrer meist sanften Wirkungsweise unterstützen sie vor allem bei leichten Erkrankungen oder chronischen Beschwerden, da sie oft nebenwirkungsarm sind.

In der nachfolgenden Übersicht findest du gängige Beschwerden, die du mithilfe der Heilpflanzen behandeln kannst. Diese Auflistung umfasst jedoch lediglich einen ausgewählten Auszug an Pflanzenmedizin, da es eine Vielzahl von Heilkräutern gibt, die bei einer Erkrankung entsprechend Anwendung finden könnten. Die hier ausgewählten Heilpflanzen zeichnen sich durch ihr Vorkommen im europäischen Raum, ihre gute Erforschung und Verfügbarkeit aus. Beachte bitte, dass du trotz Möglichkeit der Selbstbehandlung einen Arzt oder Heilpraktiker zurate ziehen solltest, wenn z. B. schwere Krankheiten oder ungeklärte Symptome vorliegen. Die Eigenmedikation mit Heilpflanzen ersetzt keine ärztliche Anamnese und Behandlung.

Das Immunsystem stärken – Echinacea (Sonnenhut)

Dass das Immunsystem schwächelt, wird immer dann deutlich, wenn sich mehrere Infektionskrankheiten aneinanderreihen. Insbesondere in den kalten Wintermonaten kämpfen viele mit Erkältungs- und Grippeerscheinungen. Beim ersten Kratzen im Hals ist es dann oft schon zu spät, um die Beschwerden noch abzuwenden. Doch meist lassen sie sich mit Heilpflanzen gut lindern und erträglicher machen. Aber präventiv ist es möglich, die Immunabwehr zu stärken und so entweder ganz verschont zu bleiben von Infektionen oder sie zumindest schneller bekämpfen zu können. Diesbezüglich spielt das Immunsystem eine große Rolle. Wie der Name schon sagt, ist es ein komplexes System, in dem verschiedene Bereiche des Körpers – wie z. B. Nervensystem, lymphatische Organe und Hormonsystem – Hand in Hand zusammenarbeiten. Äußere Einflüsse wie Stress, mangelnde Bewegung, emotionale Belastungen können sich dabei ebenso wie einseitige Ernährung negativ auf das Immunsystem auswirken. Eine Stärkung erfolgt daher nicht ausschließlich über die Therapie mit Heilpflanzen, sondern sollte stets auch den gesamten Lebensstil mit einbeziehen.

Die wohl mittlerweile bekannteste Heilpflanze, was die Stärkung der Immunabwehr betrifft, ist der Sonnenhut. Als Echinacea bekannt, ist sie bei der Prävention von Erkältungskrankheiten nicht mehr wegzudenken. Wissenschaftlich gesehen, ist die Wirkung des Sonnenhuts noch umstritten, da aus verschiedenen Studien sich widersprechende Aussagen vorliegen. Erste Aufmerksamkeit erregte die Heilpflanze, als Sioux-Indianer in Nordamerika mit großem Erfolg ihre Wunden mit Echinacea behandelten, wobei das Wurzelpulver auf die Wunde gestreut und die Blätter als Wundpflaster aufgelegt wurden. Die Dakota-Indianer tranken den Sud des Sonnenhuts gegen Blutvergiftung. Über Generationen hinweg wurde das Wissen über die immunstimulierende Eigenschaft des Sonnenhutes weitergegeben und fand auch in der europäischen Naturheilkunde zunehmend Einzug.

Echinacea zählt zu der Pflanzenfamilie der Korbblütler und ist im europäischen Raum eher eine junge Heilpflanze. Viele kultivieren den Sonnenhut im Garten aufgrund seiner prachtvollen Blüten und intensiven purpurnen Farbe. In Wildsammlungen ist er nur selten zu finden. Während der Sommermonate Juli bis September zeigt sich der Sonnenhut in voller Blüte und kann in dieser Zeit auch geerntet werden. Er ist eine sehr starke Pflanze und zieht aufgrund seiner leuchtenden Erscheinung viele Insekten an. Es handelt sich hierbei um eine mehrjährige Pflanze, die über Pfahlwurzeln stark mit dem Boden verankert ist. Je nach Bedingungen kann der Sonnenhut bis zu 1,20 m hoch werden. Die Blüten der Heilpflanze erinnern an einen Igel, woher er auch seinen Namen hat – denn Echinacea bedeutet im Altgriechischen Igel. Die zungenförmigen Blütenblätter unterscheiden sich je nach Art in der Farbe. Während der Purpur-Sonnenhut auffällig purpur- bis rosafarbene Blätter trägt, erscheint der schmalblättrige Sonnenhut meist in Weiß.

Neben der bereits beschriebenen immunstärkenden Wirkung, besitzt Echinacea eine feinstoffliche Wirkung, die stark mit dem Erdelement verbunden ist. So wie sich ihr äußeres Erscheinungsbild zeigt, hilft die Heilpflanze mit dem purpurnen Igelkopf auch dabei, innere Stärke zu entwickeln und auszustrahlen. Als Schutzpflanze lässt sie negative Konfliktenergien, die von außen herangetragen werden, abprallen.

Wirkung von Echinacea (Sonnenhut):

- Echinacea stärkt die innere Abwehr, da sie die Bildung von weißen Blutkörperchen anregt.
- Sonnenhut wirkt antibakteriell und hilft so, Entzündungen vorzubeugen und abzuheilen.
- Bei Erkältungs- und Grippeinfektionen wird die Heilpflanze zur Vorbeugung und Linderung eingesetzt.
- Äußerlich angewendet, beschleunigt sie den Wundheilungsprozess. So lässt sich Echinacea auch bei Schuppenflechte, Sonnenbrand oder Geschwüren einsetzen.
- Sonnenhut hat entgiftende Eigenschaften und unterstützt so bei Reinigungskuren das Ausleiten von Umweltgiften.

Anwendungsmöglichkeiten:

Auf dem Markt gesundheitsförderlicher Mittel ist die Echinacea stark vertreten. Vielfältige Produkte sollen bei der Stärkung des Immunsystems helfen. Du kannst aber mithilfe der bereits bekannten Verfahren selbst Heilmittel aus den Blüten des Sonnenhuts herstellen. So besteht die Möglichkeit, eine Echinacea-Tinktur herzustellen, indem du die getrockneten Blüten für etwa sechs Wochen in hochprozentigen Alkohol einlegst. Außerdem kann getrockneter Sonnenhut als Tee aufgebrüht oder in Öl eingelegt für die äußere Anwendung verarbeitet werden.

Nebenwirkungen:

Vereinzelt kommt es beim Sonnenhut zu allergischen Reaktionen als Nebenwirkung. Beachte dies vor allem, wenn du eine Allergie gegen Korbblütler hast. Echinacea hat eine immunstimulierende Wirkung, weshalb eine Anwendung z. B. bei Tuberkulose, Multipler Sklerose, AIDS–Erkrankungen, HIV-Infektion oder anderen Autoimmunerkrankungen nicht zu befürworten ist. Bitte informiere dich vorher ausführlich bei deinem Arzt oder Heilpraktiker, ob diese Heilpflanze für dich zur Anwendung geeignet ist.

Magen- und Darmbeschwerden lindern – Fenchel

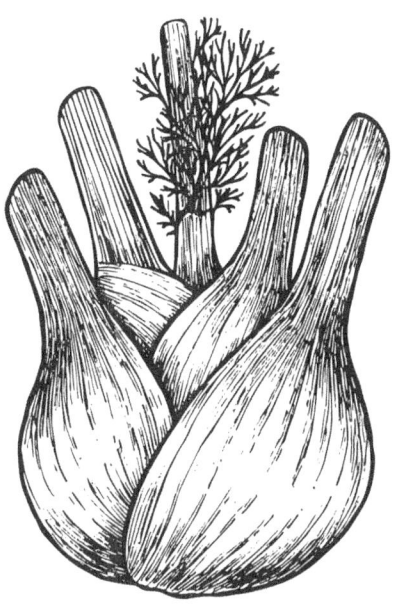

Magen- und Darmbeschwerden sind leider bei vielen Menschen keine Seltenheit und können die Lebensqualität enorm beeinträchtigen. Das Verdauungssystem ist nicht nur dafür zuständig, den Körper mit lebenswichtigen Nährstoffen aus der Nahrung zu versorgen, sondern spielt ebenfalls eine große Rolle für das allgemeine Wohlbefinden. Reizdarmsyndrom, Durchfall, Übelkeit, Blähungen und Sodbrennen haben ihren Ursprung häufig nicht nur in falscher Ernährung, sondern können auch Begleiterscheinungen von psychischen Belastungen, Stress und emotionalem Ungleichgewicht sein. Ausdrücke wie „Das liegt mir schwer im Magen." oder „Das muss ich erst einmal verdauen!" spiegeln wider, dass die Menschen schon immer wussten, dass der Magen-Darm-Trakt eng mit der Psyche verbunden ist. Um hier vorliegende Beschwerden zu behandeln, ist eine genaue Diagnose durch einen Arzt und/oder Heilpraktiker notwendig, um die nötigen Schritte für eine Linderung bzw. Heilung einleiten zu können. Da es sich auch beim Verdauungssystem um ein sehr komplexes System handelt, das in ständiger Interaktion innerhalb als auch mit anderen Organen und Körpersystemen steht, sollte eine genaue Anamnese vorausgehen, um den Ursprung der Beschwerden herausfinden zu können. Dies ist vor allem dringend angezeigt, wenn Symptome über einen längeren Zeitraum hinweg auftauchen.

Bei leichten Magen-Darmbeschwerden gibt es sanfte Hilfe aus der Naturapotheke. Im Gemüsefach etwas unscheinbar wirkend finden wir den Fenchel, der als Naturheilmittel in diesem Bereich bereits seit Jahrtausenden Anwendung findet. Fenchel gehört zur Familie der Doldenblütler und ist eine beliebte Heilpflanze im Gemüsegarten. Man kann den Fenchel aber auch als Wildpflanze finden. Aus dem Wurzelstück erwächst ein glatter, blau gestreifter Stängel, der bis zu 2 m hoch werden kann. Seine Blätter sind sehr dünn und wie mit Fäden gefiedert. Im Juli erblüht dann die gelbliche Doldenblüte, die ab September mit reifen oval-braunen Samen aufwartet. In der Naturheilkunde werden alle Bestandteile des Fenchels genutzt.

So harmonisch Fenchel auf die Verdauungsorgane wirkt, ist auch dessen feinstoffliche Wirkung. Bis in das Mittelalter hinein diente sein Kraut vor allem als Schutzpflanze vor Verhexen und bösen Dämonen. Der starke Anisduft des Fenchels sollte helfen, böse Geister vom Haus fernzuhalten. Hildegard von Bingen, eine der bekanntesten Kräuterkundigen des Mittelalters und Begründerin einer neuen Volksmedizin und Ernährungslehre, berichtete von einer fröhlich machenden, stimmungsaufhellenden Wirkung bei Melancholie. Da wir wissen, dass Verdauungssystem und Psyche eng miteinander verbunden sind, ist diese wohltuende Wirkung auf das Gemüt durchaus nachvollziehbar.

Wirkung des Fenchels:

- Die entkrampfende Wirkung des Fenchels hilft bei Koliken und Blähungen.
- Fenchel kann einen Reizdarm beruhigen und grundsätzlich das gesamte Verdauungssystem harmonisieren.
- Bei Harnwegsinfektionen hilft Fenchel mit seiner harntreibenden und antibakteriellen Wirkung.
- Seine entkrampfende Wirkung ist auch hilfreich bei Menstruationsbeschwerden.
- Der Fenchel ist reich an Phytoöstrogenen und steigert den Milchfluss bei stillenden Frauen.
- Erkältungskrankheiten und Fieber können mit Fenchel behandelt werden, weil er schmerzstillend und schleimlösend wirkt.

Anwendungsmöglichkeiten:

Die fleischige Knolle des Fenchels sowie sein Kraut können als Gemüse gedünstet oder roh verzehrt werden. Besonders bekannt ist der Fencheltee, der aus seinen getrockneten Samen hergestellt wird. Wenn du einen eigenen Verdauungstee herstellen möchtest, kannst du die Samen pur aufkochen oder als Teemischung noch Kamillenblüten und Anissamen dazugeben. Mit der Hilfe von Pflanzenöl kannst du ein Fenchelöl herstellen, das auch zur Einreibung des Bauches bei Blähungen eingesetzt werden kann. Dafür zerstößt du die getrockneten Fenchelsamen mit einem Mörser, damit sie ihre ätherischen Öle freigeben, und füllst sie zusammen mit Pflanzenöl in eine dunkle Flasche. Die Mischung sollte bis zu sechs Wochen ziehen, um ihre volle Kraft entfalten zu können.

Bekannt als altes Hausmittel ist auch die Verabreichung von Fenchelhonig oder -sirup bei Erkältungskrankheiten. Dafür lässt du die gemörserten Fenchelsamen und Flüssighonig in einem sterilen Glas bis zu zwei Wochen durchziehen. Den Honig kannst du anschließend durch ein Sieb abgießen, um die Samen zu entfernen.

<u>Nebenwirkungen:</u>

Im Allgemeinen ist die Heilpflanze Fenchel gut verträglich. Allergische Reaktionen treten vor allem bei Menschen auf, bei denen eine Sellerieallergie vorliegt. Bei Einreibungen mit Fenchelöl kann es zu Hautreizungen kommen, wenn eine Allergie bestehen. Lasse dies bei Unsicherheit bitte vorher bei deinem Arzt oder Heilpraktiker abklären. Fenchelöl sollte während der Schwangerschaft und Stillzeit nicht verwendet werden. Wässrige Auszüge wie Fencheltee sind hingegen unbedenklich.

Atemwegsinfekte behandeln – Eisenkraut

Infektionen der oberen Atemwege begleiten viele Menschen durch die nasskalte Winterzeit. Dabei sind diese Infektionen deutlich von einer Grippeinfektion zu unterscheiden, verlaufen sie doch eher harmlos. Meist merkt man eine angehende Erkältung schnell am Kratzen im Hals, einsetzenden Niesen und Schlappheit. Da es sich bei Atemwegsinfekten um unkomplizierte Erkrankungen handelt, lassen sich die Beschwerden sehr gut ausschließlich mit Naturheilkunde behandeln. Die Infektanfälligkeit ist eng an die Stärke des Immunsystems gekoppelt, weshalb man hier bereits einer Atemwegsinfektion vorbeugen kann. Auch eine gesunde Lebensweise mit viel frischem Obst und Gemüse sowie Bewegung an der frischen Luft unterstützt den Körper in der kalten Jahreszeit. Treten

Infektionen der Atemwege immer wieder auf, sollte jedoch genauer mit einem Arzt oder Heilpraktiker nach der Ursache geforscht werden. „Die Nase voll haben" kann im übertragenen Sinne auch eine Infektreaktion auslösen, denn emotionales Ungleichgewicht und Stress erhöhen die Infektanfälligkeit enorm.

In diesem Zusammenhang wirst du das Eisenkraut kennenlernen, das man aufgrund seiner vielfältigen Wirksamkeit als Allheilkraut bezeichnen könnte. Gerade bei Erkältungen verschafft dieses Heilkraut Linderung, da es entzündungs- und virenhemmend wirkt. Das europäische Eisenkraut hat seinen Verwandten im südamerikanischen Raum, der als Verbena mit einem eher zitronigen Geschmack mittlerweile auch hierzulande bekannt ist. Das heimische Eisenkraut ist daher ein wenig in Vergessenheit geraten. Dabei handelt es sich um eine Wildpflanze, die vereinzelt und in Gruppen an Wegrändern, auf Weiden, an Mauern und Schuttablagen und in Gärten zu finden ist. Sie hat einen harten, vierkantigen Stängel und wird bis etwa 50 cm groß. Ihre rauen Blätter haben tiefe Einschnitte. Oberhalb der Blätter wachsen beim Eisenkraut einige harte Seitenäste, die winzig kleine hellrosa Blüten tragen. Die Sammelzeit ist in den Sommermonaten Juli und August, in denen es direkt auf Bodenhöhe abgeschnitten und zu Sträußen gebunden zum Trocknen aufgehängt wird.

Ein alter Brauch war es, mit Eisenkraut als Schutzpflanze Altäre und Tempel zu reinigen. Wie eine Art magischer Besen sollte diese Reinigung nachfolgende Zeremonien vorbereiten. Von den Druiden wurde das Eisenkraut fast genauso geschätzt wie die so sehr verehrte Mistel. In vielen Zaubertränken wurde das Heilkraut verwendet, da es als Allheilmittel gegen viele

Arten von Krankheiten galt. Eisenkraut zählt zu den heiligen Pflanzen der Kelten. Sie haben sich z. B. mit Eisenkraut gewaschen, um Hellsichtigkeit zu erlangen. Auch als Talisman wurde das Eisenkraut in der keltischen Zeit verwendet und es wurde geglaubt, man lerne schneller damit und bekomme keine Albträume mehr. Im Schamanismus wird die Heilpflanze aufgrund ihrer Klarheit bringenden Eigenschaften für Räucherungen genutzt. Sie soll die Konzentration fördern und den Geist klar, wach, gerecht und sanft werden lassen.

Wirkung des Eisenkrauts:

- Eisenkraut wird wegen seiner entzündungshemmenden, virenhemmenden und fiebersenkenden Wirkung gegen Husten und Erkältung eingesetzt.
- Als stärkende Pflanze kann es nach schwerer Erkrankung helfen, wieder zu neuer Kraft zu gelangen.
- Die enthaltenen Bitterstoffe unterstützen das gesamte Verdauungssystem.
- Eisenkraut wirkt hormonell ausgleichend auf die Schilddrüse. Auch wird es als fruchtbarkeitssteigerndes Kraut angesehen.
- Angespannte Nerven können mithilfe der Heilpflanze wieder Entspannung und Ruhe finden.
- Aufgrund der entkrampfenden Wirkung kann es bei Kopfschmerzen und Migräne helfen.

Anwendungsmöglichkeiten:

Gerade bei Atemwegsinfektionen kann ein Tee aus getrocknetem Eisenkraut helfen, Fieber zu senken, Entzündungen, z. B. im Rachen, zu lindern und eine virale Infektion schnell wieder in den Griff zu bekommen. Dafür überbrühst du getrocknetes oder frisches Eisenkraut mit kochendem Wasser, lässt es fünf Minuten ziehen und trinkst es anschließend schlückchenweise. Eine Tinktur, hergestellt aus getrocknetem Eisenkraut, unterstützt in der kalten Jahreszeit bei auftretenden Atemwegsinfektionen. Dafür nimmt man zwischen zehn und fünfzig Tropfen täglich ein, je nach Schwere der Infektion. Kompressen mit Eisenkrauttee können bei Ekzemen und Wunden beim schnelleren Abheilen helfen.

Nebenwirkungen:

Neben- und Wechselwirkungen des Eisenkrauts sind nicht bekannt. Bei einer vorliegenden Schwangerschaft sollte es allerdings nicht verwendet werden, da es die Wehentätigkeit anregt. Hole dir bitte Rat bei einem Arzt oder Heilpraktiker, solltest du allergische Reaktionen wahrnehmen. Zur Behandlung von Atemwegsinfektionen stehen dir noch viele weitere Heilkräuter zur Verfügung, sollte dir das Eisenkraut nicht entsprechen, z. B. Spitzwegerich, Thymian, Anis, Fenchel, Salbei.

Hautprobleme verbessern – Hamamelis

Hautprobleme können häufig auf eine innere Ursache zurückzuführen sein. „Die Haut ist der Spiegel der Seele" – das hast du bestimmt schon öfter gehört. Im Außen zeigt sich demnach, wie man sich innerlich fühlt. Bei Hautproblemen spielt nicht nur die Psyche eine Rolle. Diese können ebenfalls aufgrund einer Erkrankung oder Allergie auftreten oder auch aufgrund ungesunder Ernährung oder falscher Hautpflege entstehen. Warum die Haut Probleme oder Veränderungen aufweist, ist sehr vielschichtig. Die Haut, als größtes Organ des Menschen, umhüllt ihn und stellt so die Grenze zur Außenwelt dar. Sinnliche Wahrnehmungen werden über die Haut empfunden und an das zentrale Nervensystem weitergegeben. Schmerzen, Temperatur, emotionale Gefühle werden über die Haut nach innen transportiert. Auch hier besteht ein enger Zusammenhang zwischen Psyche und Organ, weshalb eine Behandlung stets ganzheitlich gesehen werden sollte. Die Haut hilft bei der Ausscheidung und bringt über ihre Poren Schädliches nach draußen. Hautprobleme können daher auch Störungen im Organismus aufzeigen, der versucht, den Körper zu reinigen.

Abgesehen von Erkrankungen und Veränderungen der Haut, leiden viele Menschen unter ganz allgemeinen Hautproblemen, wie z. B. fettige oder sehr trockene Haut, Unreinheiten bis hin zu starker Akne. Naturheilkundliches Wissen kann dabei unterstützen, die Haut entsprechend zu pflegen und ihr zu geben, was sie zur Regulierung und Harmonisierung braucht. Es gibt sehr viele Heilpflanzen, die sich bei Hautproblemen wirksam einsetzen lassen. Die Hamamelis wurde für diesen Bereich ausgewählt, weil sie einen wahren Allrounder in der Hautpflege und -behandlung darstellt.

In der Hautpflege ist die Hamamelis bekannt, weil sie in vielen Hautpflegeprodukten vertreten ist. Sie ist hierzulande auch unter dem Namen Zaubernuss bekannt. Auffallend ist die Pflanze vor allem im Spätwinter Januar/Februar, wenn sie ihre gelben Büschelblüten öffnet, während alle anderen Pflanzen noch im Winterschlaf sind. So bringen sie gelbe Farbtupfer in graue Wintertage. Gesammelt werden im Juni bis August die Rinde und die Blätter der Heilpflanze. Ursprünglich kommt der Hamamelis-Strauch aus Nordamerika, wird aber mittlerweile in Europa angepflanzt. Der Strauch kann bis zu 5 m hoch werden und braucht zunächst sechs Jahre Zeit, bis er die ersten Blüten ausbildet. Die Form der Hamamelisblütenblätter ist außergewöhnlich, denn sie wachsen in gekrümmten Streifen wie Büschel aus dem rostroten Blütenzentrum. Da der Hamamelisstrauch hier nicht heimisch ist, sondern angepflanzt wird, ist eine Ernte etwas schwieriger. Zunächst besteht natürlich die Möglichkeit, sie im eigenen Garten zu kultivieren. Manchmal findet man sie auch in öffentlichen Parks. Die Hamamelis beinhaltet der Haut zuträgliche Gerbstoffe und ätherische Öle. Diese wirken vor allem adstringierend, beruhigend und entzündungshemmend, was für die Pflege der Haut besonders vorteilhaft ist.

Die Zaubernuss galt als traditionelles Heilmittel der nordamerikanischen Indianerstämme, welche die Rinde abkochten und Hautentzündungen mit getränkten Umschlägen behandelten. Es ist bekannt, dass Frauen den Sud auch bei sehr starker Menstruationsblutung tranken. Die Zweige der Hamamelis dienten als Wünschelrute auf der Suche nach guten Orten für die Rast oder Jagd. Mit dieser sanften Weise der Ortssuche wollten sie die Ruhe der Götter und Geister nicht stören. Nicht ohne Grund heißt die Hamamelis Zaubernuss, denn man sprach ihr mystische Eigenschaften zu. Nach Europa fand sie Mitte des 18. Jahrhunderts den Weg und breitete sich schnell aus.

Wirkung der Hamamelis:

- Hamamelis wirkt entzündungshemmend und kann daher Akne mindern sowie weitere bakterielle Infektionen verhindern.
- Empfindliche Haut wird durch Behandlungen mit Hamamelis beruhigt.
- Leichter Juckreiz kann gelindert werden, da sich das Gewebe aufgrund der Gerbstoffe zusammenzieht und somit die Nerven der Haut weniger auf äußere Reize reagieren.
- Hämorriden können mit Hamamelis in Form von Salben oder Zäpfchen behandelt werden, da Hamamelis blutstillend wirkt und Entzündungen hemmt.
- Kleinkindern kann die Zaubernuss als Heilpflanze bei Windeldermatitis helfen. Auch Patienten mit Inkontinenz können durch die beruhigende und entzündungshemmende Wirkung ihre Beschwerden lindern.
- Hamamelis kann bei Hautabschürfungen eingesetzt werden zur schnelleren Heilung, denn sie schützt vor weiteren Infektionen und stoppt die Entzündung.

- Bei Krampfadern helfen die gefäßschützenden Flavonoide der Hamamelis. Aufgetragen als Salbe können sie dadurch gemildert werden.
- Bei Entzündungen am Zahnfleisch hilft eine Mundspülung mit Hamamelis, diese schnell wieder abklingen zu lassen.
- Zaubernuss hat eine porenverfeinernde, hautreinigende Wirkung und unterstützt so bei zu Unreinheiten neigender Haut.
- Man kann Hamamelis innerlich gegen Durchfall sowie andere Schleimhautentzündungen des Verdauungstraktes anwenden.
- Hamamelis wirkt heilend und kühlend bei Sonnenbrand.

Anwendungsmöglichkeiten:

Hamamelis wird hauptsächlich zur äußeren Anwendung empfohlen. Bei entzündeten Hauptpartien eignen sich Kompressen, die in Hamamelissud getränkt als Umschlag auf die entsprechenden Stellen aufgelegt werden. Bei starken Entzündungen kann diese Behandlung auch über mehrere Stunden, z. B. über Nacht, erfolgen. Bäder für einzelne Körperteile, z. B. Fußbäder, oder Sitzbäder bei Hämorriden, kannst du mit verdünntem Hamamelistee zubereiten. Für die äußere Anwendung kannst du auch eine Hamamelistinktur nach dem bereits bekannten Verfahren herstellen. Oft empfiehlt es sich, diese mit Wasser zu verdünnen, da sie sehr stark sein kann. Sanfter ist ein sogenanntes Hydrolat, ein Hamameliswasser, das gerne zur Herstellung von Salben und Cremes benutzt wird. Dieses erhältst du im Bioladen oder über den Onlineversand.

Nebenwirkungen:

Bei äußerlicher Anwendung der Heilpflanze Hamamelis ist zu beobachten, ob allergische Reaktionen auftreten. Vorsicht ist geboten bei oraler Einnahme. Wenn Hamamelis zu hoch dosiert oder über einen langen Zeitraum eingenommen wird, kann er den Magen reizen und dadurch Magenschmerzen und Übelkeit verursachen. Da die Heilpflanze viele Gerbstoffe enthält, kann dies bei der Aufnahme mancher Mineralstoffe und Vitamine z. B. Eisen hemmend wirken. Zu hoch dosiert kann Hamamelisextrakt leberschädigend wirken. Bei äußerlicher Anwendung oder starker Verdünnung besteht jedoch keine Gefahr einer toxischen Reaktion. Doch wie immer gilt: Beobachte deinen Körper und dessen Reaktionen auf die Heilpflanze genau und wende dich im Zweifelsfall an deinen Arzt oder Heilpraktiker!

Kopfschmerzen mildern – Waldmeister

Kopfschmerzen tauchen oft plötzlich auf, manchmal auch ohne erkennbaren Grund. Normalerweise haben sie eine eher harmlose Ursache, wie z. B. Stress, Flüssigkeitsmangel oder Nackenverspannungen. Doch treten diese Schmerzzustände häufig und regelmäßig auf, muss die Ursache ärztlich abgeklärt werden. Wie bei anderen Beschwerden ist es oft ein Zusammenspiel verschiedener Faktoren, die Kopfschmerzen oder sogar Migräne hervorrufen können. Daher ist eine ehrliche Bestandsaufnahme des aktuellen Lebensstils hilfreich. Ernährung, Hormone, Genussmittel, Psyche können Kopfschmerzanfälle beeinflussen. Heilpflanzen können bei akuten Kopfschmerzen unterstützend helfen, aber die konsequente Umstellung der eigenen Lebensgewohnheiten ist eine wichtige Eigenleistung in der Prävention. Im akuten Fall können synthetische Schmerzmittel helfen – sie unterdrücken aber lediglich den Schmerz, die Ursache bleibt. Wichtig ist, selbst zu erforschen, was bei Kopfschmerzen wohltuend ist. Hilft z. B. ein entspannendes Bad oder eine Nackenmassage? Wann treten die Schmerzen auf? Kann eine regelmäßige und ausreichende Flüssigkeitszufuhr die Kopfschmerzen verhindern? Ist der eigene Schlaf erholsam und ausreichend? Wie wird mit Stress und emotionalen Situationen umgegangen?

Die Naturheilkunde empfiehlt bei Kopfschmerzen unter anderem die Heilpflanze Waldmeister. Er wird auch „wohlriechendes Labkraut" genannt und ist vielen aus der Götterspeise bekannt. Von April bis Juni zeigt sich der Waldmeister mit seinen sternförmigen, weißen Blüten in schattigen Wäldern, vorzugsweise in krautreichen Buchen- oder Laubmischwäldern, weshalb er auch als klassischer Frühjahrsblüher gilt. Im Garten wächst er gut unter Gehölzen. Anhand seiner lanzettenförmigen Blattform kann man ihn gut erkennen. Bis zu acht Blätter sammeln sich dabei um einen Fruchtknoten. Das Heilkraut wächst etwa 50 cm hoch und kann über mehrere Jahre hinweg am selben Ort wieder erscheinen. Sein typischer Waldmeisterduft geht von dem Inhaltsstoff Cumarin aus. Bei welken oder getrockneten Blättern und Blütenblättern ist der Duft noch stärker wahrnehmbar. Die Pflanze legt sich im Wald wie eine Decke über den Boden, daher rührt auch der Name Waldmeister. Aus den Blüten entwickeln sich im Herbst stachelige Kügelchen mit kurzen Haaren und daraus später kleine Nüsschen, die die Samen tragen. Durch die hakenförmigen Haare haken sich die Samen im Fell von vorbeistreifenden Tieren fest und verbreiten sich so über größere Strecken.

Dem Waldmeister wird eine krampflösende Wirkung nachgesagt, warum er gerade bei Kopfschmerzen und Migräne unterstützen kann. Allerdings hat diese Pflanze noch weitere wunderbare Eigenschaften, die zur Linderung und Heilung als Naturmedizin beitragen können.

In der Antike bis zum Mittelalter war das wohlriechende Labkraut als Heilmittel bekannt. Bereits bei den Vorfahren wurde Waldmeister als Würzmittel benutzt. Im Haus aufgehängt oder in Säckchen gefüllt, sollte er die Räume von lästigen Motten befreien. Medizinisch wurde das Heilkraut vor allem äußerlich angewendet, um Brandwunden zu verarzten. Dafür wurden die getrockneten Blüten zu Pulver verarbeitet und auf die Wunden aufgetragen. Seine belebende Wirkung half z. B. in Fußbädern, um müde Füße nach langen Wegstrecken wieder munter zu machen. Es ist aber auch überliefert, dass er bei Gelbsucht und zur Blutreinigung eingesetzt wurde. Waldmeister galt ebenso als Schutzpflanze und sollte vor Schaden jeglicher Art bewahren. Dafür wurde sie auch oft als Amulett, z. B. in einem kleinen Lederbeutel, am Körper getragen.

Wirkung des Waldmeisters:

- Hauptsächlich wird Waldmeister zur Linderung von Kopfschmerzen und Migräne eingesetzt, denn er wirkt beruhigend, fördert den Blutfluss und löst Krämpfe, welche die Ursache für die Schmerzzustände bilden könnten.
- Waldmeister beruhigt bei nervöser Unruhe und Schlaflosigkeit.
- Bei Menstruationsbeschwerden hilft er aufgrund seiner entkrampfenden Wirkung.
- Das wohlriechende Labkraut wirkt gegen Entzündungen und Bakterien, bisweilen auch antiviral, weshalb er z. B. bei Herpes Simplex genutzt werden kann.
- In Fußbädern angewendet, hilft er bei geschwollenen Füßen, denn er stärkt Leber, Niere und die Blutgefäße und die Venen, öffnet die Poren und steigert so die Durchblutung.
- Hautverletzungen und Geschwüre können durch äußerliche Anwendung abklingen.

Anwendungsmöglichkeiten:

Vielleicht kennst du den Waldmeister bereits aus der Maibowle oder Götterspeise, die er aufgrund seines typischen Geschmacks verfeinert. Als Heiltee gegen Kopfschmerzen oder Migräne eingesetzt, eignet sich die Verwendung des blühenden Krauts, das du frisch oder getrocknet mit kochendem Wasser überbrühen kannst. Dieser Tee unterstützt auch vor dem Einschlafen, um zur Ruhe zu kommen, oder als Kompresse bei Hautverletzungen. Seine entspannende Eigenschaft kannst du auch in einem kleinen Kräuterkissen nutzen, das du nahe an dein Kopfkissen legst, um mit dem wohlriechenden Duft des Waldmeisters einzuschlafen. Dieses mit getrocknetem Waldmeister befüllte Kissen kannst du auch in deinen Kleiderschrank legen, um Motten abzuwehren. In Kombination mit Lavendelblüten, Salbeiblättern und Zitronenmelisse intensiviert sich die Wirkung gegen die unliebsamen Insekten zusätzlich. In Deutschland ist die Herstellung einer Tinktur mit Waldmeister untersagt, da er Cumarin enthält, das in Überdosierung Kopfschmerzen, Migräne oder Übelkeit auslösen kann.

Nebenwirkungen:

Wie bereits erläutert, enthält Waldmeister den Inhaltsstoff Cumarin, der für den typischen Waldmeistergeschmack zuständig ist. Die Heilpflanze ist grundsätzlich nicht giftig, doch sollte darauf geachtet werden, täglich nur geringe Mengen (etwa 4 g pro Person) davon zu verwenden. Bei Überdosierung vermindert Cumarin, genauso wie Salicylsäure in Aspirin, die Blutgerinnung. Daher sollte Waldmeister auch nicht mit synthetischen Medikamenten kombiniert werden. Eine zu intensive innerliche Anwendung des Labkrauts kann Leberbeschwerden, Kopfschmerzen, Migräne und Übelkeit hervorrufen, obwohl sie genau gegen diese Leiden eingesetzt wird. Daher ist auf die Dosis genau zu achten. Ein gelegentlicher Verzehr des Krauts ist vollkommen unbedenklich. Kinder unter zwölf Jahren und Schwangere sollten das Heilkraut vorsorglich nicht konsumieren. Bei Unsicherheiten besprich dies bitte mit deinem Arzt oder Heilpraktiker.

Harnwegsinfektionen kurieren – Schachtelhalmkraut

Eine Blasenentzündung, genannt Zystitis, bei der sich die Harnwege entzünden, belastet besonders oft Frauen. Denn während beim Mann die Harnröhre etwa 20 cm lang ist, ist diese bei Frauen mit 2,5 bis 5 cm vergleichsweise kurz. Aufsteigende Bakterien können so schnell in die Blase gelangen und dort Entzündungen hervorrufen. Zu den Harnwegen zählen der Harnleiter, der den Urin von der Niere in die Harnblase fließen lässt, und die Harnröhre, wodurch der Urin nach außen gelangen kann. Entstehen Entzündungen im Gewebe, das die Harnwege bedeckt, spricht man von einem Harnwegsinfekt. Die Symptome einer Harnwegsinfektion sind dabei vielfältig: häufiger Harndrang, Schmerzen und Brennen beim Wasserlassen, erschwerte Blasenentleerung, häufiges Wasserlassen mit geringen Urinmengen, Inkontinenz, Blasenkrämpfe, strenger Geruch und Trübung des Urins, Blut im Urin bis hin zu Krankheitsgefühl und Fieber. Auftretendes Fieber und Rückenschmerzen sind ernst zu nehmende Warnsymptome, die auf eine Mitbeteiligung der Niere hinweisen, sodass in diesem Fall sofort ein Arzt oder Heilpraktiker aufgesucht werden muss.

Doch wie entsteht eine Harnwegsinfektion überhaupt? Eine bakterielle Blasenentzündung wird oft durch Bakterien ausgelöst, die aus der Darmflora stammen und über die Harnröhre zur Blase aufsteigen. Dieses sogenannte Bakterium Escherichia coli ist in den meisten Fällen aller bakteriellen Infektionen der Harnblase verantwortlich. Doch auch andere Bakterien können eine Blasenentzündung auslösen, zum Beispiel Enterokokken, Proteus und Staphylokokken. In seltenen Fällen verursachen Viren, Pilze oder Würmer eine Entzündung der Blase. Verantwortlich sind Schmierinfektionen, bei denen die Bakterien vom After oder Stuhl in die Harnröhre gelangen und so bis in die Harnblase vordringen können. Insbesondere bei Geschlechtsverkehr kann es durch die mechanische Reibung geschehen, dass die Darmerreger aus der Analregion in die Harnröhre gelangen. Eine Harnwegsinfektion lässt sich durch eine Urinuntersuchung leicht feststellen.

Um sich vor einer solchen schmerzhaften Infektion zu schützen, sollten folgende Risikofaktoren für eine Blasenentzündung beachtet werden.
- Sitzen auf kaltem Untergrund fördert eine Infektion der Harnwege.
- Verdunstungskälte durch das Tragen nasser Badesachen steigert die Infektionsanfälligkeit.
- Beschädigung der Vaginalflora durch zu häufige Intimpflege und evtl. zu aggressive Pflegeprodukte setzt die natürliche Schutzbarriere herunter.
- Schmierinfektionen durch häufigen Geschlechtsverkehr oder falsche Reinigung nach dem Stuhlgang übertragen Bakterien auf das Harnleitersystem.
- Ein anfälliges, geschwächtes Immunsystem kann Infektionen der Harnwege begünstigen.

- Östrogenmangel während oder nach den Wechseljahren kann Harnwegsinfektionen begünstigen.
- Eine veränderte Hormonlage während der Schwangerschaft weitet die Harnwege, sodass Bakterien leichter eindringen und aufsteigen können.
- Stoffwechselkrankheiten können die Zusammensetzung des Harns verändern und Bakterien so einen idealeren Nährboden bieten, z. B. bei Diabetes.

Wichtig ist, bei bereits bestehenden Harnwegsinfektionen viel zu trinken, um die Harnleiter durchzuspülen und von den infektionsauslösenden Bakterien zu befreien. Am besten eignen sich dafür stilles Wasser und Kräutertees. In der Naturheilkunde werden verschiedene Heilkräuter eingesetzt, die entzündungshemmende und harntreibende Eigenschaften besitzen. Dazu zählen unter anderem die Goldrute, Kapuzinerkresse, Birke und Brennnessel und eben das Schachtelhalmkraut. Man nimmt sie zur Unterstützung als pflanzlich-homöopathische Urtinktur, Frischpflanzenpresssaft oder als Tee zu sich. Der Tee hat hierbei zusätzlich einen Durchspülungseffekt, der die Bakterien aus dem Harnwegssystem entfernen soll. Zudem besitzen die Heilpflanzen eine keimtötende Wirkung. Die Behandlung z. B. mit Heilpflanzentees oder Teemischungen gegen Harnwegsentzündungen sollte dabei kurmäßig über etwa zehn Tage angewendet werden. Stellt sich dabei keine Linderung bzw. signifikante Besserung ein, muss dringend ärztlicher Rat eingeholt werden. In dieser Zeit sollte auf Kaffee und Alkohol verzichtet werden, die als Säurebilder ein ideales Milieu für Bakterien schaffen. Der Abheilungsprozess lässt sich auch begünstigen durch zugeführte Wärme, wie z. B. ein Sitzbad oder das Auflegen einer Wärmflasche.

Das Schachtelhalmkraut, auch Zinnkraut genannt, ist eine Heilpflanze, die in unseren Breitengraden sehr weitverbreitet ist. Man kann es fast überall finden und sammeln. Hauptsächlich wächst es an Wegrändern, auf Feldern, Wiesen und Äckern. Botanisch gesehen, gehört es zur Familie der Farne, weshalb es keine Blüten ausbildet und sich über Sporen verbreitet. Das Schachtelhalmkraut ist leicht zu erkennen, da es wie ein kleiner Tannenbaum aussieht, bei dem von einem dünnen Stängel aus lange, harte Zweige buschig abstehen. Die Sammelzeit für den Schachtelhalm ist in den Sommermonaten Mai bis Juli. Hier entwickelt er seine Sommertriebe, die sich besonders für die Verarbeitung eignen, da sie viele gesundheitsförderliche Inhaltsstoffe besitzen. Bei der Behandlung von Harnwegsinfektionen kann diese Heilpflanze die Heilung begünstigen, da sie antibakteriell, entzündungshemmend und harntreibend wirkt. Zudem umfasst sie jene Antioxidantien, welche die Eigenschaft besitzen, auf Zellebene schützen zu können.

Wichtig beim Sammeln von Schachtelhalmkraut ist, dieses vom Sumpfschachtelhalm zu unterscheiden, der giftig wirkt. Um beide Pflanzen voneinander unterscheiden zu können, dienen zwei Merkmale: die Farbe an den Unterteilungen der Schachtelabschnitte sowie die Länge der Sprossen. Die röhrenartigen, scheinbar ineinander geschachtelten Abschnitte des ungiftigen Ackerschachtelhalms sind meistens grünlich; jene des Sumpfschachtelhalms sind dunkelbraun, fast schwarz und meistens deutlich gezackt. Auch betrachtet man die Länge der Sprossen, der sogenannten „Schachtelabschnitte", und die Stängelscheiden. Sind die Haupttriebe länger als die Stängelscheiden, handelt es sich um Ackerschachtelhalm. Haupttriebe, die kürzer als die Stängelscheiden sind, deuten auf einen Sumpfschachtelhalm hin. Bei Unsicherheiten beim Sammeln der Heilkräuter kannst du eine kräuterkundige Person in deiner Umgebung kontaktieren oder vorsichtshalber auf Produkte aus Apotheken, Biomärkten oder dem Onlineversand zurückgreifen, um dennoch die heilsame Wirkung des Schachtelhalmkrauts nutzen zu können.

Die Heilpflanze war bereits in der Antike bis zum Mittelalter als wichtige Naturmedizin bekannt. In der heutigen Zeit ist wenig überliefert, welche spirituelle Bedeutung der Ackerschachtelhalm bei den Germanen oder Kelten tatsächlich besaß. Bekannt ist lediglich, dass er bei Orakelräucherungen eingesetzt wurde. Der Ackerschachtelhalm steht für urtümliche Lebenskraft und Zeugungsstärke sowie Reinigung. Auch Hildegard von Bingen behandelte Kranke mit Ackerschachtelhalm; Ärzte im antiken Griechenland verwendeten das Zinnkraut als Arznei gegen zahlreiche Krankheiten und Beschwerden. Schachtelhalm wurde damals vor allem gegen Magen- und Darmbeschwerden, Menstruationsstörungen sowie bei Blasen- und Nierenbeschwerden, besonders bei Nierensteinen, verwendet. Äußerlich angewendet linderte das Heilkraut Nasenblutungen und wurde auch allgemein zur Behandlung von Wunden empfohlen.

Wirkung des Schachtelhalms:

- Das enthaltene Kalium im Schachtelhalm regt die Nierentätigkeit an und hilft so bei der Ausscheidung von Stoffwechselablagerungen.
- Nieren-, Harnleiter- und Blasenentzündungen werden mithilfe der entzündungshemmenden und antibakteriellen Wirkung des Schachtelhalms gelindert. Auch Nierensteine, Blasensteine und Harngries können damit bekämpft werden.
- Aufgrund des hohen Gehalts von Kieselsäure und Magnesium stärkt Schachtelhalm brüchige Haare, Fingernägel, Bindegewebe, Muskeln und Bänder.
- Wassereinlagerungen können abgebaut werden, da dieses Heilkraut stark harntreibend wirkt.
- Schachtelhalm wirkt blutstillend und kann daher Wunden schneller zum Abheilen bringen. Auch bei Entzündungen oder Verletzungen im Mund- und Rachenraum lässt sich das Heilkraut anwenden.

Anwendungsmöglichkeiten:

Damit sich die Kieselsäure aus dem Heilkraut löst, muss der Schachtelhalm 20 Minuten lang ausgekocht werden. Diese Teezubereitung kannst du zur inneren Anwendung nutzen, indem du ihn schlückchenweise trinkst, oder zur äußeren Anwendung für Bäder oder Hautwickel. Um den Direktsaft der Heilpflanze zu gewinnen, gibt es entsprechende manuelle Saftpressen, die speziell für die Saftgewinnung für Gräser konzipiert sind. Der Direktsaft wird vor allem empfohlen, um die blutstillende Wirkung bei der Wundheilung zu nutzen. Du kannst aber aus dem gekochten Sud des Krauts auch eine Heilsalbe für deine Haut herstellen, indem du wasserfestes Eucerin dazugibst (150 g Eucerin auf 1 l Schachtelhalmsud). Rühre dabei die erkaltende Masse immer wieder um, um eine geschmeidige und einheitliche Salbe zu erhalten.

Ebenfalls äußerlich kommt Ackerschachtelhalm bei Hautproblemen wie Entzündungen oder Juckreiz zur Anwendung. Dafür gibst du den abgekochten Sud (1–2 l) in ein Vollbad. Dieses Bad bewirkt, dass sich das Bindegewebe strafft und bei regelmäßiger Anwendung nachhaltig gefestigt wird, Ekzeme und Wunden können schneller heilen. Das Schachtelhalmbad sorgt auch dafür, dass die Durchblutung angeregt wird. Dadurch lassen sich Durchblutungsstörungen, Krampfadern, akute Blasenentzündungen und Prostatabeschwerden unterstützend lindern.

Als Kosmetikprodukt kannst du den Schachtelhalmsud auch regelmäßig als Haarspülung nutzen. Er macht das Haar weich, glänzend und wirkt kräftigend. Die Kopfhaut kann von Schuppen befreit werden. Aufgrund der durchblutungsfördernden Wirkung des Schachtelhalms wird das Haarwachstum angeregt.

Einen erholsamen Schlaf fördern – Hopfen

Wenn der Wecker morgens klingelt, um den neuen Tag zu beginnen, nimmt dieser wenig Rücksicht darauf, wie die Nacht vorher verbracht wurde. Fakt ist: Nach einem erholsamen und tiefen Schlaf erwacht der Körper mit mehr Energie, um die anstehenden Aufgaben des Tages meistern zu können. Schlafmangel oder Schlafstörungen haben einen enormen Einfluss auf das allgemeine Wohlbefinden und die Gesundheit. Schlechter Schlaf führt dazu, dass man die Müdigkeit den ganzen Tag mit sich trägt und gereizter auf Situationen reagiert. Die Leistungsfähigkeit fällt ab, da der fehlende Schlaf als Tagesschläfrigkeit immer wieder Energie beansprucht. Auf lange Sicht gesehen, kann sich Schlafmangel stark auf die Psyche auswirken und sogar Depressionen begünstigen. Auch ist bekannt, dass das Immunsystem darauf reagiert und der Körper infektanfälliger wird. Medizinisch gesehen spricht man dann von

Schlafstörungen, wenn mindestens dreimal pro Woche über einen Zeitraum von mindestens einem Monat Einschlafstörungen oder Durchschlafstörungen vorliegen. Die Ursachen für einen unruhigen Schlaf oder lange Wachphasen in der Nacht können vielschichtig sein.

Primäre Ursachen für Schlafstörungen sind z. B. psychische Ursachen (Kummer, Sorgen, Angst, Trauer, Stress): Das Gehirn beschäftigt sich weiter mit den Problemen des Tages und kommt nicht zur Ruhe. Oft drehen sich die Gedanken im Kreise und finden keinen Abschluss, um mit dem Thema Frieden zu schließen und einzuschlafen. Ein Ausdruck für eine psychische Ursache von Schlafstörungen kann auch Zähneknirschen sein.

Eine fehlende Schlafhygiene, wie z. B. eine unbequeme Matratze, fehlende Dunkelheit oder zu langes digitales Arbeiten am Handy oder Computer vor dem Schlafengehen, können Schlafstörungen ebenfalls begünstigen.

In manchen Arbeitsbranchen ist es üblich, im Schichtdienst zu arbeiten. Dies erzeugt rhythmische Probleme im Tagesablauf. Doch der Körper liebt seinen eigenen Rhythmus, er braucht den Wechsel von Helligkeit und Dunkelheit, einen Ausgleich von Anspannungs- und Entspannungsphasen etc. Der moderne Lebensstil vieler Menschen läuft dem jedoch oft zuwider.

Ein großer äußerer Faktor beim Thema Schlafstörungen ist unangenehmer Lärm. Gerade bei Wohnungslagen in Einflugschneisen oder an Hauptstraßen kann diese Lärmbelästigung zum wahren Schlafkiller werden. Lärm bedeutet Stress für Körper und Psyche. Daher ist es klar, dass sich die Entspannung bei Lärmbelästigung nur schlecht einstellt. Viele Menschen leben in lärmbelasteter Umgebung und leiden darunter. Dessen krankmachende Wirkung ist mittlerweile auch medizinisch erwiesen.

Eine unbekannte, neue Umgebung oder Situation kann einen erholsamen Schlaf erschweren. Der Körper ist darauf programmiert, nur in einer sicheren Situation zu schlafen, die er bereits kennt. Früher stellte dieser sichere Schlafrahmen für den Menschen eine Art Lebensversicherung dar, da man während der Schlafphase natürlich leichter angreifbar war. Es ist daher eine natürliche und normale Reaktion, unter anderen Umständen nicht oder nur schlecht zu schlafen.

Sekundäre Ursachen können körperliche oder psychische Erkrankungen sein, die einem den Schlaf rauben. Viele kennen es, dass bei Erkältungskrankheiten und starkem Husten oft der Schlaf beeinträchtigt wird, da die entsprechenden Symptome für den Körper dem Schlaf übergeordnet werden. So ist das freie Atmen in diesem Fall wichtiger als ein erholsamer Schlaf.

Wer schon einmal zu tief ins Glas gesehen hat, weiß, dass auch übermäßiger Alkoholkonsum den Schlaf erheblich beeinträchtigen kann. Auch bestimmte Medikamente können den Schlaf rauben.

Bei Schlafproblemen gilt es also zuerst einmal, die möglichen Ursachen zu erforschen, um auf deren Grundlage handeln zu können. Meistens ist es ein Zusammenspiel vieler verschiedener Faktoren, die den Schlaf beeinflussen können. Es könnte z. B. bereits hilfreich sein, die Schlafumgebung zu optimieren und schlaffördernd zu gestalten (passende Matratze, Kräuterkissen, Duftöle etc.). Oft hilft es schon, ein täglich wiederkehrendes Schlafritual anzuwenden, um dem Körper zu signalisieren, dass jetzt die Phase der Entspannung beginnt. Auch ein kurzer Spaziergang an der frischen Luft hilft, den Kopf vor dem Schlafen frei zu bekommen und eine Abgrenzung zum vorherigen Alltag zu schaffen. Entspannungstechniken wie Yoga oder autogenes Training helfen zusätzlich, Grübeleien, Sorgen und Stress abzubauen. Reizstoffe wie Kaffee oder Alkohol sollten vor allem bei bereits vorhandenen Schlafstörungen vermieden werden. Wenn das Arbeitszimmer im Schlafzimmer eingerichtet ist, kann dies dazu führen, dass man den Arbeitsalltag nicht von der Freizeit und Entspannung trennen kann. Hier wäre eine Umstrukturierung zu überdenken. Kleine, leichte Mahlzeiten am Abend helfen dem Körper, die Arbeitsvorgänge zu verlangsamen und nicht auf volle Energie für die Verdauung zu fahren. Das geschätzte Mittagsschläfchen kann den Schlaf-wach-Rhythmus erschweren. Auch wenn Tagesmüdigkeit vorliegt, wäre es gut, diese eher durch frische Luft oder leichte sportliche Übungen zu überbrücken.

Heilpflanzen finden in der Behandlung von Schlafstörungen großen Anklang, da sie unterstützen können, in die Entspannung zu finden, keine Nebenwirkungen haben und dabei gleichzeitig nicht abhängig machen, wie es synthetisch hergestellte Schlafmittel als Begleiterscheinung mitbringen. Der hier vorgestellte Hopfen ist eine Heilpflanze, die aufgrund ihrer beruhigenden Wirkung, vor allem im Bier, bekannt ist. Doch hat Hopfen noch viel mehr an Heilwirkungen zu bieten, als einen erholsamen und entspannten Schlaf zu fördern.

Bei Hopfen, der zur Gattung der Hanfgewächse gehört, handelt es sich um eine in Europa heimische Pflanze, die für die Bierbrauerei angebaut wird. Hierfür wird er an bis zu 7 m hohen Gestellen hochgezogen. Der Hopfen kann im mitteleuropäischen Bereich auf eine lange Kulturgeschichte zurückblicken. Als Wildpflanze ist er jedoch auch vertreten und wächst bevorzugt an stickstoffreichen, feuchten Standorten wie Waldrändern, Lichtungen und

Gebüschen. Wilder Hopfen ist eher selten zu finden, wenn er aber als Wildpflanze gefunden wird, wächst er dort meist in kleinen Gruppen. In den Frühlingsmonaten treibt der Stängel aus und rankt sich im Sommer in die Höhe. Dabei entwickelt er Blätter, die an die Form von Weinblättern erinnern. Die Ränder sind jedoch gezackter und haben etwa Handgröße. Der Hopfen beginnt anschließend im Juli und August zu blühen. Benutzt werden die weiblichen Blüten, die größer sind und sich zu Ähren entwickeln, die auch „Dolden" oder „Zapfen" genannt werden.

Bei den Germanen und Kelten sollte der Hopfen jedoch noch auf andere Weise helfen, als den Schlaf zu fördern. Man glaubte auch an seine magische Wirkung. So empfahl man jungen Frauen und Mädchen, die längeres und kräftigeres Haar haben wollten, einige Haare im Frühjahr neben einem Hopfenstock zu vergraben. Mit dem Wuchs des Hopfens sollten auch die sich auf dem Kopf befindlichen Haare wachsen. In vielen Völkern galt Hopfen als Fruchtbarkeitssymbol, da er Jahr für Jahr neu ausschlug. Auch die Gelehrten und Druiden sahen Hopfen ausschließlich als Heilpflanze und Fruchtbarkeitssymbol an. Während die Kelten Hopfen nicht als Bierwürze kannten, sondern auf Möhrensamen und Bilsenkraut zurückgriffen, entwickelte sich ab dem 8. Jhd. n. Chr. die Braukultur mit Hopfen in einigen Gebieten Mitteleuropas. Allerdings hat Hopfen eher eine lustsenkende und schlaffördernde Wirkung, weshalb er auch von Mönchen angebaut wurde, um die Libido zu schwächen.

Wirkung des Hopfens:

- Die primäre Anwendung des Hopfens erfolgt zur Nervenberuhigung, Entspannung und Schlafförderung.
- Aufgrund der enthaltenen Bitterstoffe wirkt Hopfen appetitfördernd und verdauungsanregend.

- Hopfen enthält Phytohormone, die dem Östrogen ähneln. Daher kann Hopfen gegen Östrogenmangel und Wechseljahrbeschwerden eingesetzt werden, denn er gleicht das schwindende Östrogen etwas aus. In der Anfangsphase der Wechseljahre besteht allerdings eher ein Östrogen-Überschuss. Daher ist in dieser Phase der Hopfen nicht geeignet, um die anfänglichen Beschwerden der beginnenden Wechseljahre zu lindern. Alternativ eignen sich in dieser Phase eher Mönchspfeffer, Schafgarbe oder Frauenmantel.
- Hyperaktive Kinder können von der beruhigenden Wirkung von Hopfen profitieren.
- Neueste medizinische Forschungen haben herausgefunden, dass Hopfen Tumorzellen bekämpfen kann. Auch schützt er Gehirnzellen, was bei der Behandlung von Parkinson und Alzheimer helfen könnte.
- Hautverletzungen, Ekzeme und Geschwüre können mit Hopfen behandelt werden aufgrund seiner antibakteriellen Wirkung.

Anwendungsmöglichkeiten:

Hopfen gilt als wichtiger Bestandteil in schlaffördernden Entspannungstees. Dabei kannst du den Hopfen sehr gut mit weiteren beruhigenden Heilkräutern, wie z. B. Melisse oder Baldrian, kombinieren. Für den Tee benutzt du die getrockneten, weiblichen Zapfen, die du noch mit einem Messer zerkleinern kannst. Beachten solltest du, dass Hopfen seine volle Wirkung erst nach mehreren Anwendungen entfaltet. Um z. B. Schlafstörungen zu lindern, ist es wichtig, dass du den Hopfentee oder eine Teemischung täglich anwendest. Am besten integrierst du deine Teezeremonie in dein Schlafritual und trinkst ihn schlückchenweise und in ruhiger Umgebung etwa eine Stunde vor dem Schlafengehen. Ein warmes Bad mit Baldrianwurzel, Hopfenextrakt, Lavendelblüten/öl oder Melissenblättern kann die Schlafbereitschaft fördern. Hopfenextrakt ist ein Auszug aus den Hopfendolden, der durch ein technisches Verfahren gewonnen wird. Du kannst für das schlaffördernde Bad aber auch einen Hopfensud verwenden. Hopfen eignet sich auch hervorragend zur Befüllung für ein Kräuterkissen, das du zur Schlafförderung neben dein Kopfkissen legen kannst.

Nebenwirkungen:

Aufgrund der im Hopfen enthaltenen Phytohormone sollten schwangere oder stillende Frauen sowie Säuglinge und Kleinkinder keine Hopfenprodukte verwenden. Das beschriebene Hopfenkissen ist kein Problem und kann eine entspannende Alternative zur innerlichen Anwendung darstellen. Direkten Kontakt mit frischen Hopfenzapfen solltest du vermeiden, denn es kann zur sogenannten Hopfenpflückerkrankheit kommen, die sich in allergischen Reaktionen wie Hautausschlag oder Kopfschmerzen äußert. Über Hopfen sind derzeit keine schwerwiegenden Nebenwirkungen bekannt. Sollten Hopfenpräparate aber über einen längeren Zeitraum eingenommen werden, ist es sinnvoll, mit dem Arzt oder Heilpraktiker Rücksprache zu halten. Dies ist vor allem wichtig, wenn gleichzeitig andere Medikamente eingenommen werden. Die östrogenähnlichen Stoffe des Hopfens sorgen bei Überdosierung für eine Zunahme des Bauchumfangs. Daher sollte man den Hopfen bei Neigung zum dicken Bauch sparsam einsetzen.

Die Stimmung aufhellen – Lavendel

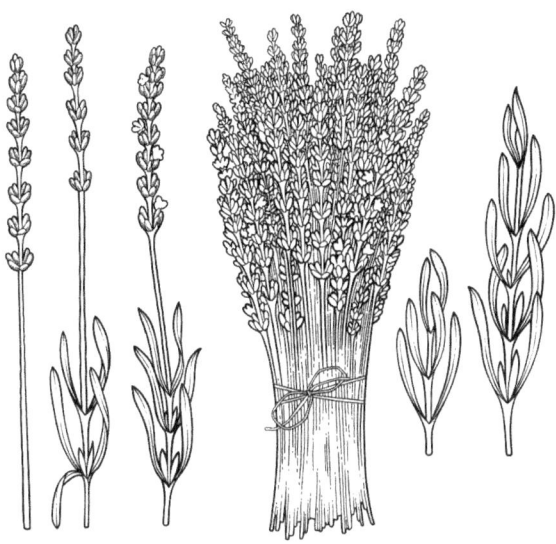

Bei depressiven Verstimmungen, Traurigkeit und Antriebslosigkeit kann die Naturmedizin unterstützend helfen. Dabei ist zu beachten, dass es sich bei einem von mehr als zwei Wochen andauernden Stimmungstief mehr um eine depressive Verstimmung handelt. Diese bezeichnet dabei leichte bis mittelschwere Depressionen, die sich mit Phytotherapie oder Naturheilverfahren gut behandeln lassen. Eine schwere Depression ist meist heftiger, sodass sie von einem erfahrenen Arzt therapeutisch begleitet werden sollte. Vor allem im Winter leiden viele Menschen vermehrt unter Antriebslosigkeit und Niedergeschlagenheit. Diese Symptome können auf eine „Winterdepression", den sogenannten „Winterblues", hinweisen, der vor allem mit dem Mangel an Licht in Verbindung gebracht wird. Hier kann ein Vitamin-D-Bluttest Aufschluss darüber geben, ob ein eventueller Mangelzustand die Verstimmungen hervorruft. Auch bei diesen Beschwerden der depressiven Verstimmung gilt, die Lebensumstände und Symptome als Ganzheit zu betrachten und zu erkennen, auf welchen Ebenen eine Veränderung sich positiv auf die Stimmung auswirken kann. Wie bei den Beschwerden der Schlafstörungen bereits beschrieben, kann mangelnder Schlaf Verstimmungen verursachen, umgekehrt ist bei depressiven und verstimmten Menschen der Schlaf oft gestört. Das Einschlafen kann durch eine ganze Reihe von Pflanzen gefördert werden, allen voran Baldrian und Hopfen. Weitere Gründe für depressive Verstimmungen können hormonellen Ursprungs sein, z. B. vor der Periode oder in den Wechseljahren.

Die Heilpflanze Lavendel hat auch den volkstümlichen Namen Nevenkräutlein, was bereits darauf zurückschließen lässt, dass sie den Menschen darin unterstützen möchte, wieder ins Gleichgewicht zu kommen, wenn die Nerven „blank" liegen. Lavendel zählt zur Pflanzenfamilie der Lippenblütler und ist vor allem in Südeuropa heimisch, wird aber schon lange in mitteleuropäischen Gärten angepflanzt. Vor allem Südfrankreich ist bekannt für seine weiten Lavendelfelder, welche die Landschaft in die typische violette Farbe des Lavendels tauchen und die gesamte Gegend in den typischen Lavendelduft hüllen. Der Lavendel ist ein 0,5 bis 1 m hoher Halbstrauch, der viele Jahre nach der Winterzeit immer wieder neu erblüht. Seine Blätter sind länglich lanzettenförmig und erscheinen zunächst graublau und weich, ältere Blätter werden grün. Die Blüten des Lavendels sind langgestielte violette Scheinähren und duften herrlich blumig. Die optimale Sammelzeit für den Lavendel liegt in den Sommermonaten Juli und August. Für naturmedizinische Zwecke werden die Blüten der Heilpflanze verwendet.

Dass Lavendel bei depressiven Verstimmungen helfen kann, haben mittlerweile zahlreiche wissenschaftliche Studien bestätigt. Seine beruhigende und entspannende Wirkung auf das vegetative

Nervensystem hilft, Ängste abzubauen, gelassener mit Stresssituationen umzugehen, bei Nervosität zu beruhigen, Schlafstörungen zu lindern oder innere Unruhe auszugleichen. Diese Beschwerden entstehen vor allem, wenn zu viele Informationen und Reize der Außenwelt gleichzeitig und über längere Zeit auf Körper, Geist und Seele einwirken. Lavendel als Heilpflanze unterstützt die Filterfunktion des Nervensystems für äußere Reize, sodass die überlasteten Nerven wieder normal arbeiten können. Auch wirkt er auf körperlicher Ebene und beruhigt Atmung, Herzschlag, Blutdruck und den Stoffwechsel. Besonders positiv ist, dass er dabei sehr gut verträglich ist und weder abhängig noch müde macht. Auch stellt sich bei längerer Verwendung kein Gewöhnungseffekt ein. Lavendel wirkt jedoch zugleich auch belebend, aufbauend und erfrischend, was sich hervorragend mit seiner Wirkung auf die Psyche ergänzt. Diese wertvolle Heilpflanze hat daher das Potenzial, insgesamt die Stimmung zu harmonisieren, Stress zu reduzieren und depressive, lethargische Gemütsverfassungen positiv zu beeinflussen und die Stimmung schnell wieder aufzuhellen.

Die Verwendung von Lavendel war bereits im Altertum bekannt und beliebt. Bei den Ägyptern war der Lavendel hoch angesehen und sie stellten daraus duftende Balsame her, die sie unter anderem zur Mumifizierung der Toten verwendeten. Sie nutzten auch selbst Lavendel in Duftwassern und gaben den Verstorbenen Lavendel mit ins Grab. Bei den Römern war der Lavendel neben der Rose als Körperpflegemittel sehr beliebt. Im Mittelalter wurde die Duftpflanze dann durch Benediktinermönche in den Norden Europas gebracht, wo die wohlig duftende Heilpflanze schnell große Verbreitung fand. Paracelsus gebrauchte den Lavendel zum einen als Nervenheilkraut und zum anderen wegen der keimtötenden Eigenschaften zur Prophylaxe gegen Seuchenerkrankungen. Auch war Lavendel im Mittelalter beliebt als reinigendes Kraut für Körper und Haus. Man streute z. B. das Kraut auch auf den

Fußboden, um die Umgebung und die Luft sauber zu halten. Die Menschen sprachen dem Lavendel außerdem eine Schutzwirkung zu, die gegen böse Blicke helfen sollte. So trugen ihn viele auch als Amulett am Körper. Vielfach wurde die Pflanze mit der Liebe in Verbindung gebracht und sollte gegen Liebeskummer helfen.

Wirkung des Lavendels:

- Lavendel beruhigt das zentrale Nervensystem und hilft so bei Unruhezuständen wie Ängsten, Nervosität, Grübeln, Schlaflosigkeit etc.
- Kopfschmerzen und Migräne können aufgrund der entspannenden Wirkung von Lavendel gelindert werden.
- Die Heilpflanze hilft beim Abklingen von Bauchkrämpfen, Blähungen, Übelkeit und Verdauungsstörungen.
- Lavendel hat auch die Eigenschaft, Fliegen, Motten und Mücken durch seinen intensiven Geruch zu vertreiben. Aufgetragen auf die Haut bei Mückenstichen, wirkt er antiseptisch und beruhigt schnell die gereizte Stelle.
- Die entspannenden und entkrampfenden Eigenschaften des Lavendels helfen äußerlich angewendet durch Einreibungen bei rheumatischen Beschwerden und Muskelverkrampfungen.

Anwendungsmöglichkeiten:

Lavendel bietet dir vielfältige Möglichkeiten, ihn als Naturheilmittel zu nutzen. Hast du Lavendel vielleicht sogar schon im eigenen Garten, oder kennst du jemanden, bei dem du ihn im Sommer ernten darfst? Dann schneide zum Trocknen die Blütenstände samt dem Stängel ab und binde sie zu Bündeln zusammen. Anschließend kannst du den Lavendel kopfüber an einem trockenen und dunklen Ort aufhängen. Achte darauf, dass die aufgehängten Bündel etwas Abstand zueinander haben. Bereits nach etwa einer Woche sind die Blüten schon getrocknet und lassen sich vom Blütenkopf lösen. Mit diesen Blüten kannst du verschiedene Lavendelzubereitungen herstellen. Beliebt ist die Herstellung von Lavendelkissen, um damit im Kleiderschrank die Motten fernzuhalten oder als einschlafförderndes Kräuterkissen neben dem Kopfkissen liegend. Du kannst die Lavendelblüten auch als Tee aufbrühen oder zu Teemischungen dazugeben. Als Zugabe im Badewasser entfaltet Lavendel seine entspannende Wirkung ebenfalls. Zur äußeren Anwendung für Massagen und Einreibungen der Haut hast du die Möglichkeit, Lavendelöl anzusetzen. Besonders gut eignet sich hierfür auch das milde Mandelöl. Eingelegt in Alkohol entsteht eine Lavendeltinktur, die du äußerlich und innerlich anwenden kannst, z. B. als Beruhigungstropfen. Auf dem Gesundheitsmarkt hat sich mittlerweile der medizinische Lavendel etabliert und ist z. B. in Form von Lavendelölkapseln erhältlich. Auch wird er in vielen Kosmetikprodukten aufgrund seines angenehmen Duftes und entspannender und desinfizierender Eigenschaften benutzt. Als Zugabe in Gewürzmischungen wie etwa „Kräuter der Provence" sind die Lavendelblüten beliebt. Du kannst also Lavendel auch in deinen Speiseplan integrieren und z. B. herzhafte Gerichte und Süßspeisen damit verfeinern. Als Zutat für natürlich hergestellte Putzmittel bringt Lavendel einen erfrischend-blumigen Duft in die Wohnräume und desinfiziert gleichzeitig.

Nebenwirkungen:

Die stimmungsaufhellende, entspannende und schlaffördernde Wirkung von Lavendel wird von vielen Menschen sehr geschätzt und kann auch bei Kindern unterstützend wirken, z. B. zur Reduktion von Angst- oder Aggressionszuständen. Grundsätzlich sollten ätherische Öle jedoch bei Kleinkindern unter zwei Jahren nicht angewendet werden. Auch Schwangere und stillende Frauen sollten Lavendel wegen seines ätherischen Öls in Körperpflegeprodukten nur gering dosieren bzw. eher verwässert als Tee konsumieren. Bei Lavendelöl kann es vorkommen, dass eine Überempfindlichkeit auf Haut und Atemwege vorliegt und deshalb die Verwendung nur nach Rücksprache mit einem Arzt oder Heilpraktiker erfolgen sollte. Allgemein können ätherische Öle die Schleimhäute reizen und sollten daher stets nur verdünnt angewendet und vor allem im Augenbereich nur sehr vorsichtig und reduziert eingesetzt werden. Bei etwaigen allergischen Reaktionen solltest du natürlich Lavendelprodukte sofort absetzen und die Ursache ärztlich abklären lassen.

Konzentrationsfähigkeiten steigern – Ginseng

Der Alltag verlangt einem oft viel Energie ab, sodass man manchmal nicht mehr fähig ist, sich über längere Zeit mit einer bestimmten Tätigkeit zu befassen. Diesen Zustand bezeichnet man als Konzentrationsstörung oder Konzentrationsschwäche. Es ist in diesem Moment einfach nicht mehr möglich, die Gedanken fokussiert zu bündeln und dauerhaft an einer Aufgabe dranzubleiben. Der Mangel an Konzentration kann viele Ursachen haben. Die gängigen Ursachen von Konzentrationsstörungen oder -schwächen beginnen bei Stress und Schlafmangel, Mangelernährung, depressiven Verstimmungen oder einer verminderten Durchblutung des Gehirns. Je nach Auslöser und Diagnose können Heilkräuter helfen, die Konzentrationsfähigkeit wieder zu stärken. Dass die Konzentrationsfähigkeit nach einiger Zeit schwindet, ist zunächst vollkommen normal. Das Gehirn benötigt z. B. immer wieder frischen Sauerstoff, um optimal funktionieren zu können. Auch nach einer unruhigen Nacht oder Mangel an Bewegung fällt es vielen Menschen schwerer, sich über einen längeren Zeitraum zu konzentrieren. Auch die Ernährung spielt beim Thema Konzentration eine wichtige Rolle. Werden dem Körper z. B. zu wenig Nährstoffe oder Flüssigkeit zugeführt, kann er sein volles Potenzial, auch im Hinblick auf fokussiertes Arbeiten, nicht optimal entfalten. Ebenso können Erkrankungen wie z. B. ADS/ADHS, Demenz, Schilddrüsenunterfunktion und niedriger Blutdruck die Konzentrationsfähigkeit beeinträchtigen. Auch bei auftretenden Konzentrationsstörungen gilt es einen Arzt oder Heilpraktiker aufzusuchen, wenn neben der immer wiederkehrenden Konzentrationsstörung zusätzlich noch Schwindel und Persönlichkeitsveränderungen auftreten und der Alltag durch die fehlende Konzentration eingeschränkt und als Belastung angesehen wird.

Die genannten Ursachen implizieren bereits Möglichkeiten, wie sich die Konzentrationsfähigkeit durch Veränderung des eigenen Lebensstils steigern lässt. Ausreichend Schlaf, eine gesunde und vitalstoffreiche Ernährungsform, regelmäßige Bewegung an der frischen Luft können bereits viel dazu beitragen, den Fokus wieder mehr halten zu können. In der Naturheilkunde ist vor allem der Ginseng bekannt für seine konzentrationsfördernde Wirkung.

Ginseng wurde vor über 5.000 Jahren in den Bergen der Mandschurei in Nordchina entdeckt. Vermutlich wurde er ursprünglich rein als Nahrungsmittel verwendet. Nach Europa gelangte die Heilwurzel aus Asien im frühen Mittelalter durch arabische Kaufleute, wo sie jedoch wegen ihrer menschenähnlichen Form zunächst abgelehnt wurde. Erst im 17. Jahrhundert kam die Heilwurzel mit der konzentrationsfördernden Wirkung, die der Familie der Efeugewächse angehört, endgültig nach Europa.

Die ausdauernde, aufrechte, bis 80 cm hohe Pflanze hat einen kahlen, runden Stängel. Die langgestielten Blattquirle tragen fünf dunkelgrüne, länglich-eiförmige Blätter von 7 bis 20 cm Länge. 15 bis 30 der weißgrünlichen Blüten bilden ein bis drei Dolden. Aus ihnen entwickeln sich erbsengroße, rote, glatte Steinfrüchte mit zwei Samen. Der gelbe, spindelförmige Wurzelstock, der in der Naturheilkunde Verwendung findet, ist an der Spitze handförmig geteilt und oft der Menschengestalt ähnlich.

Wildwachsend ist die Ginsengwurzel nur noch selten in schattigen Gebirgswäldern Ostasiens anzutreffen und er wird heute in Nordchina, der Ukraine, in Korea und Japan mit sehr großem Pflegeaufwand kultiviert. Dabei braucht eine Ginsengwurzel bis zu vier bis sieben Jahre Zeit zum Wachsen, bis sie geerntet werden kann. In der traditionellen chinesischen Medizin hat Ginseng eine mystische Bedeutung und wird daher auch „Kraut der ewigen Jugend" oder „Speise der Unsterblichkeit" genannt.

<u>Wirkung des Ginsengs:</u>

- Ginseng ist ein sogenanntes Adaptogen, das sich individuell an die Bedürfnisse des Einzelnen anpasst. Deshalb besitzt er eine stark normalisierende, harmonisierende, regulierende und unterstützende Kraft.
- Die Ginsengwurzel wirkt generell belebend und steigert die Leistungs- und Konzentrationsfähigkeit.
- Er ist geeignet, um das Immunsystems des Körpers zu stärken und um Abgeschlagenheit oder Müdigkeit entgegenzuwirken, und kann neue Lebenskraft schenken.
- Die Heilwurzel wirkt auch bei leichten Depressionen als natürliches Antidepressivum, denn sie schützt die Nerven auch vor Stress.

Anwendungsmöglichkeiten:

Es ist möglich, Ginseng im Topf oder Garten aus Samen zu züchten, allerdings gestaltet sich der Prozess, bis die Heilwurzel zu ernten ist, sehr langwierig. So dauert es fünf bis zehn Jahre, bis Ginseng zur Verwendung als Naturmedizin bereit ist. Dies ist auch der Grund, warum Ginsengprodukte hochpreisiger angesiedelt sind. Ginseng sollte in Form einer Kur über mehrere Wochen eingenommen werden, damit seine Wirkung Erfolge zeigt. Danach wird eine Pause von mindestens drei Monaten eingelegt. Für eine solche Kur kannst du getrocknete Ginsengwurzeln auskochen und als Tee zu dir nehmen. Im Handel sind auch Ginsengpulver, Kapseln, Extrakte und alkoholische Ginsengtinkturen erhältlich. Beachten solltest du hierbei aber, dass Ginsengpulver bei falscher Lagerung Feuchtigkeit ziehen und daher seine Wirkung einbüßen kann. Auch die Dosierung ist schwieriger, da es sich hierbei nicht um den konzentrierten Wirkstoff der Wurzel, das Ginsenosid, handelt. Allgemein ist zu empfehlen, Ginseng aus heimischem Anbau zu bevorzugen, da er hohen Kontrollen unterliegt und dies auch nachhaltiger ist als der Bezug der Heilwurzel aus dem fernen asiatischen Raum.

Nebenwirkungen:

Nicht verwenden sollte man Ginseng mit Kaffee oder schwarzem Tee, da er von sich aus bereits eine belebende Wirkung hat und dies zu übermäßiger Stimulanz führen kann. Bei Schwangeren und Kindern unter zwölf Jahren wird Ginseng als Heilmittel nicht empfohlen. Wie alle natürlichen Arzneimittel kann auch Ginseng Nebenwirkungen haben, die aber nicht bei jedem auftreten müssen. Bei empfindlichen Personen kann es, gerade in den ersten Tagen der Einnahme, zu Übelkeit, Magenbeschwerden, Erbrechen und leichtem Durchfall oder Verstopfung kommen. Da die Heilwurzel ein Naturheilmittel ist, können Überempfindlichkeitsreaktionen wie Juckreiz oder Nesselsucht auftreten, ebenso Schlafstörungen, wenn das Präparat zu spät eingenommen wird. Bei Diabetes, Herzproblemen oder einer anstehenden Operation ist es wichtig, die Einnahme von Ginseng zuvor medizinisch abklären zu lassen, da er blutverdünnend wirkt. Solltest du Neben- oder Wechselwirkungen bei der Einnahme von Ginseng verspüren, hole dir bitte Rat bei deinem Arzt oder Heilpraktiker und setze sie im Zweifelsfalle komplett ab.

Frauenleiden erleichtern – Frauenmantel

Stimmungsschwankungen, Brustspannen, Zwischenblutungen, krampfartige Unterleibsschmerzen sind einige Symptome, die Frauen haben können, vor und während ihrer Menstruation. Bei sanften Menstruationsbeschwerden können Heilpflanzen diese Symptome gut lindern. Die traditionelle Volksmedizin empfiehlt hier, den zartgelb blühenden Frauenmantel als Teeaufguss zu sich zu nehmen. Der Frauenmantel hat sich, wie der Name schon andeutet, also in der Frauenheilkunde bewährt. Allerdings brauchen Heilpflanzen ihre Zeit, bis sich positive Effekte einstellen. Auch die Dosis hat Auswirkungen und so können sich Besserungen manchmal erst nach mehreren Monatszyklen einstellen. Tritt aber langfristig keine positive Veränderung ein, muss die Ursache erneut abgeklärt werden. Bei plötzlich auftauchenden oder starken Beschwerden sollte man stets einen Gynäkologen zurate ziehen, da hinter starken Regelschmerzen sich auch Erkrankungen wie z. B. Endometriose verbergen können.

Der Frauenmantel, der zur Pflanzenfamilie der Rosengewächse gehört, kommt weltweit vor und wächst bevorzugt auf Wiesen, in lichten Wäldern und Gebüschen. Wenn ein Standort dem Frauenmantel gut gefällt, dann bildet er oft ganze Pflanzenteppiche. Die ausdauernde Wurzel treibt im Frühjahr mehrere Stängel aus, an denen gefaltete Blätter mit sieben bis elf Lappen wachsen. Die Ränder der Blätter sind gezähnt. In der Mitte der Blätter sammeln sich häufig Tautropfen, was ein besonders typisches Kennzeichen des Frauenmantels ist. Aus der Mitte mancher Blätter entspringen Stängel, an deren Ende ab Mai die kleinen, gelben Blüten in Trugdolden wachsen. Die blühenden Teile des Frauenmantels können in den Monaten zwischen Mai und September geerntet und für naturheilkundliche Medizin verwendet werden.

Der Frauenmantel ist eine in der Naturheilkunde sehr bekannt Pflanze, die vor allem im Mittelalter eine große Rolle spielte. Als Heilpflanze wurde sie auch als Liebfrauenmantel bezeichnet und vor allem bei Frauenbeschwerden und leichteren Erkrankungen des Magen-Darm-Trakts verwendet. Der Frauenmantel war zunächst bei den Kelten sehr beliebt. Sie verwendeten das sich in den Blättern gesammelte Wasser, den sogenannten Rosentau, für kultische Handlungen und Reinigungsrituale. Auch als Zauber- und Orakelpflanze wurde er eingesetzt, denn er diente z. B. zur Wettervorhersage, da es zur verstärkten Tropfenbildung auf den Blättern kommt, wenn sich Regen ankündigt. Auch zum Verräuchern als Gegenzauber zu Verwünschungen wurde der Frauenmantel verwendet.

Entgegen den Druiden, die dem Kraut kaum eine medizinische Bedeutung zusprachen, verwendeten germanische Hebammen das Kraut mit Met vermischt als Wochenbetttrunk, um die junge Mutter nach der schweren Geburt wieder zu stärken. Im frühen Mittelalter veränderte sich dann die Bedeutung des Frauenmantels in Bezug auf dessen Heilkraft. Hier war er eine angesehene Heilpflanze, die nicht nur als ein besonders gutes Frauenheilkraut eine große Rolle spielte, sondern auch bei Magen- und Darmproblemen, Atemwegsbeschwerden, bei Hautkrankheiten, Halsschmerzen und Zahnfleischentzündungen seine Anwendung fand.

Wirkung des Frauenmantels:

- Bei Unterleibsentzündungen, Menstruationsproblemen, Weißfluss, Zusatzblutungen und prämenstruellen Stimmungsschwankungen wird Frauenmantel empfohlen, da Frauenmantel adstringierend, entzündungshemmend, antibakteriell, antioxidativ und krampflösend wirkt.
- Auch kann er bei Wechseljahrbeschwerden helfen, etwaige Symptome zu lindern.
- Bei Kinderwunsch wird Frauenmantel verwendet, denn er hat eine harmonisierende Wirkung auf die Zyklusregulation im weiblichen Hormonhaushalt. Er begünstigt den Aufbau und die Pflege der Gebärmutterschleimhaut, was für eine Empfängnis von Bedeutung ist.
- Zu Beginn einer Schwangerschaft kann das Heilkraut, aufgrund seiner stärkenden Wirkung auf die Gebärmutter, das Risiko einer Fehlgeburt mindern. Kurz vor der Geburt ist der Frauenmantel hilfreich, um die Beckenorgane zu stärken. Nach der Geburt kann Frauenmanteltee den Milchfluss sowie den Heilungsprozess von Verletzungen, die während der Geburt entstanden sind, unterstützen.

- Bei Verdauungsbeschwerden können die im Frauenmantel enthaltenen Gerbstoffe die Darmschleimhaut zusammenziehen lassen, wodurch die Bakterienabwehr gestärkt wird. Deshalb kann der Tee auch bei leichtem Durchfall helfen.
- Frauenmantel entspannt den Geist und hilft so, besser mit Stress umgehen zu können.
- Bei Schleimhautreizungen im Mund- und Rachenraum kann es helfen, mit dem Frauenmanteltee zu gurgeln.
- Im Genitalbereich ist der Frauenmanteltee als Sitzbad und bei offenen Wunden als Kompresse hilfreich, da er wundheilende Eigenschaften besitzt.
- Frauenmanteltee fördert zudem die Durchblutung, was bei niedrigem Blutdruck helfen kann.

Anwendungsmöglichkeiten:

Zur Zubereitung eines Frauenmanteltees kannst du das getrocknete oder frische Kraut nutzen und mit kochendem Wasser übergießen. Benutze hierfür etwa vier Teelöffel Frauenmantelkraut für einen Liter Wasser. Der Tee sollte etwa zehn Minuten durchziehen, sodass du ihn dann schlückchenweise verteilt über den Tag trinken kannst. Äußerlich angewandt hilft dir Frauenmanteltee als Bad, Umschlag oder Waschung gegen vielerlei Hautbeschwerden. Wie bei den anderen Heilpflanzen bereits beschrieben, hast du auch die Möglichkeit, eine Frauenmanteltinktur oder ein Frauenmantelöl anzusetzen. Das Frauenmantelöl kannst du z. B. für entkrampfende Massagen während der Menstruation anwenden.

Nebenwirkungen:

Wenn du unter zu hohem Blutdruck leidest, solltest du dir vor der Anwendung ärztlichen Rat einholen oder mit einem Heilpraktiker sprechen, da Frauenmantel eine blutdrucksteigernde Wirkung besitzt. Frauen, die sich in der Schwangerschaft befinden, sollten Frauenmantelkraut nur nach vorheriger Rücksprache mit dem Gynäkologen verwenden, da das Kraut krampflösend wirkt und die Gebärmutter stimuliert. Die in Frauenmantelkraut enthaltenen Gerbstoffe können bei Überdosierung reizend auf Schleimhäute wirken und so Magenprobleme oder Brechreiz verursachen.

Die zehn besten Heilpflanzen für den Anbau im eigenen Garten

Wie du erkennen konntest, lassen sich viele leichte, gesundheitliche Beschwerden wirksam mit Heilpflanzen lindern. Statt sie in der Apotheke zu kaufen oder wild wachsend zu sammeln, hast du auch die Möglichkeit, einige davon im eigenen Garten oder auf dem Balkon anzupflanzen. Viele dieser grünen Heilwunder sind nicht nur nützlich, sondern auch sehr hübsch im Beet und Pflanzkübel anzusehen. Die meisten Heilpflanzen sind eher pflegeleicht und mögen sandige, nährstoffarme Böden. Das gilt vor allem für Heilkräuter aus dem Mittelmeerraum wie z. B. Salbei oder Thymian. Die Erde sollte dabei immer locker und luftdurchlässig sein. Viele der Heilpflanzen sind mehrjährig und werden entweder im ersten Jahr ausgesät oder im Zimmer vorgezogen und dann ab Mai ins Freiland gesetzt. Einjährige Heilpflanzen kann man alljährlich ab April neu aussäen.

Heilkräuter und Heilpflanzen sind bewährte Arzneimittel aus der Natur. Du hast bereits erfahren, dass sie Wunden heilen und dank ihrer beruhigenden Wirkung für einen erholsamen Schlaf sorgen können. In der Erkältungszeit stärken sie das Immunsystem und lindern Atemwegsinfektionen. Dabei kannst du sie für Kräutertees, in einer Tinktur oder in Salben und Ölen verwenden. Die wertvollen Inhaltsstoffe der Heilpflanzen und Heilkräuter helfen dir dabei, vielfältige Beschwerden und Krankheiten zu lindern.

Die Geschichte der Heilpflanzen und Heilkräuter geht bis in die Antike zurück. Die heilende Wirkung der Pflanzen schätzte man bereits in den frühen Hochkulturen des alten Ägyptens und des antiken Griechenlands. Bei den keltischen Druiden und in den Klostergärten des Mittelalters sammelten Kräuterkundler ihr reiches Wissen und schufen so eine neue Volksmedizin, die bis heute mündlich und schriftlich überliefert ist. Die besondere Kraft der Heilpflanzen und Heilkräuter wird heutzutage wieder neu entdeckt und erfreut sich großer Nachfrage.

Auch wenn die Pflanzen positive Auswirkungen auf die Gesundheit haben können, ersetzen sie im Ernstfall keine schulmedizinischen Medikamente. Bei schwerwiegenden Erkrankungen oder Unsicherheit über Dosierung und Verwendung solltest du dich bitte stets an einen Arzt oder Heilpraktiker wenden.

Basilikum

Basilikum ist nicht nur ein lecker schmeckendes Gewürzkraut für den beliebten Calabrese-Salat, bestehend aus Tomaten, Mozzarella und eben Basilikumblättern. Auch als Heilpflanze bringt er viele positive Eigenschaften mit sich, die bei unterschiedlichsten Beschwerden eingesetzt werden können.

Basilikum liebt warme Standorte und das Sonnenlicht, weswegen er in Mittelmeerländern besonders gut wächst. Kälte hingegen bekommt ihm gar nicht gut und seine Blätter werden dann schnell braun und verfallen. Basilikum zählt zur Pflanzenfamilie der Lippenblütler und ist hierzulande eine einjährige Pflanze. Die Blätter des Basilikums sind spitz-oval, glänzend grün und duften würzig. Beim normalen Basilikum sind die Blätter in der Mitte rundlich nach oben gewölbt.

So wirkt die Pflanze entzündungshemmend und kann Schwellungen lindern. Außerdem hilft Basilikum mit seinen ätherischen Ölen gegen viele Magen- und Darmbeschwerden. Egal, ob Magenschmerzen oder Übelkeit: Basilikum hilft, wenn man einmal zum falschen Essen gegriffen hat. Ab Juli fängt das Basilikum an zu blühen. Dafür bildet die Heilpflanze einen verlängerten Stängel aus, an dem kleine weiße Blüten aufblühen.

Da das Basilikum in Mitteleuropa eine einjährige Pflanze ist, wird er am besten durch Aussaat kultiviert. Er eignet sich sehr gut für den Anbau in Töpfen, kann in den Monaten Juni bis August aber auch im Garten in den Boden eingesetzt werden. Zu beachten ist jedoch, dass vor allem Schnecken Basilikum lieben und daher der Verbleib in Pflanztöpfen sicherer gilt als der Freiluftanbau. Die Aussaat wird dabei einfach auf die Erde gelegt, da es sich beim Basilikum um einen Lichtkeimer handelt. Während der Keimdauer ist es wichtig, die Samen feucht zu halten. Dazu kann man den Topf mit einer Plastikfolie abdecken. Basilikumsamen keimen relativ schnell innerhalb von einer Woche.

Inzwischen bietet man Basilikum-Pflanzen auch in Supermärkten an, da er als Gewürzpflanze gerne in der Küche verwendet wird. Die gekauften Basilikum-Töpfe eignen sich jedoch nicht, um den Basilikum für längere Zeit zu kultivieren, da die Töpfchen zu klein sind. Setzt man die Pflanzen in einen größeren Topf um, sollte genug Platz zwischen den einzelnen Stängeln eingehalten werden. Bei der Ernte der Basilikumblätter sollte man nicht einzelne Blätter abzupfen, sondern die Triebspitzen abschneiden. Dadurch können darunterliegende Blätter neue Seitentriebe entwickeln und neue Triebspitzen produzieren. So entwickelt sich der Basilikumstrauch mit der Zeit. Um ihn als Heilpflanze zu nutzen, kann man die frischen Blätter verwenden oder sie als Vorrat auch trocknen. Die Pflanzen werden dafür dicht an der Erde abgeschnitten und zu Bündeln zusammengebunden. Diese können anschließend an einem dunklen und trockenen Ort kopfüber aufgehängt werden. Luftdicht aufbewahrt können die getrockneten und klein geschnittenen Basilikumblätter lange ihr Aroma behalten.

Der Name des Basilikums leitet sich aus dem Griechischen ab und bedeutet „königliche Heilpflanze". Bei den Griechen wurde Basilikum als Mittel gegen einige Krankheiten beschrieben: gegen Lungenentzündung, Augenleiden und Blähungen. Die ätherischen Öle galten als entzündungshemmend, antibakteriell und schmerzstillend. Basilikum wird daher auch manchmal als Königskraut bezeichnet. Nach Mitteleuropa kam die Pflanze im 12. Jahrhundert. Schon vor über 4000 Jahren nutzten die Inder das Basilikum. Er wird vor allem in der ayurvedischen Lehre als Heilpflanze benutzt. Bekannter ist Basilikum dort unter dem Namen Tulsi. Gemäß einer alten indischen Legende entstand sie als Inkarnation der hinduistischen Schutzgöttin Tulsi, um der Menschheit als heilende Pflanze zu dienen. Das Haus eines Hindu wird als unvollständig angesehen, sollte kein Heiliges Basilikum im Garten wachsen. Im Ayurveda wird Basilikum zur Stärkung des Immunsystems, gegen Stress, zur allgemeinen Konstitutionsverbesserung und zur Senkung des Cholesterinspiegels eingesetzt.

Wirkung des Basilikums:

- Basilikum stärkt die Verdauungsorgane, denn er hilft mit seinen ätherischen Ölen gegen viele Magen- und Darmbeschwerden wie z. B. Magenschmerzen oder Übelkeit.
- Er beruhigt die Nerven und stärkt sie. So hilft er bei Stress, innerer Unruhe und Angstzuständen.
- Aufgrund seiner entspannenden Wirkung lindert er Kopfschmerzen und Migräne.
- Basilikum kann Periodenkrämpfe abmildern. Unregelmäßige Menstruationsblutungen können aufgrund des Inhalts-

stoffes Stigmasterol harmonisiert werden, denn er fördert den Eisprung, was auch zur Regulierung der Zyklen beiträgt.
- Bei Wechseljahrbeschwerden kann man Basilikum verwenden aufgrund seines Inhaltsstoffes Beta-Sitosterol. Dieser ist dem Hormon Östrogen ähnlich und wirkt daher dem Hormonmangel während der Wechseljahre entgegen.
- Insektenstiche, Wunden und Hautabschürfungen heilen aufgrund der antibakteriellen und beruhigenden Wirkung des Basilikums schneller ab.
- Das ätherische Öl des Basilikums unterstützt bei Atemwegsinfekten, da er schleimlösend und beruhigend wirkt.

Anwendungsmöglichkeiten:

Abgesehen von der vielfältigen Nutzung als Gewürzpflanze in verschiedenen Gerichten kannst du Basilikum auch zur äußeren Anwendung auf deiner Haut verwenden. Zerriebene Blätter können dir z. B. bei frischen Insektenstichen helfen. Waschungen, Bäder oder Umschläge mit Basilikum-Tee getränkt, helfen dir bei schwer heilenden Wunden und Hautabschürfungen. Dafür kannst du frische oder getrocknete Basilikumblätter mit kochendem Wasser überbrühen und abkühlen lassen. Mit Basilikum lassen sich ebenfalls Tinkturen und Ölauszüge herstellen, die zur inneren und äußeren Anwendung herangezogen werden können.

Nebenwirkungen:

Medizinisch gesehen sind keine Nebenwirkungen von Basilikum bekannt. Das ätherische Öl des Basilikums ist aber aufgrund des hohen Estragolgehalts nicht in Schwangerschaft und Stillzeit, von Säuglingen und Kleinkindern sowie über längere Zeiträume einzunehmen. Allergische Reaktionen oder andere körperliche Veränderungen solltest du von einem Arzt oder Heilpraktiker abklären lassen.

Melisse

Die Melisse kommt ursprünglich aus dem Mittelmeerraum, wo sie sogar wild wächst. Bereits im Mittelalter wurde sie in Mitteleuropa in den Klostergärten angebaut. Heute wird sie häufig in Gärten kultiviert. Die Melisse wächst bevorzugt in sonniger und windgeschützter Lage und liebt das milde Klima. Um optimal zu gedeihen, braucht sie genügend Feuchtigkeit. Die Melisse ist eine mehrjährige Pflanze und wächst im März oder April. Sie ähnelt im Aussehen der Taubnessel und Minze, mit denen sie auch verwandt ist. Am zitronenartigen Geruch kann man sie jedoch deutlich unterscheiden. Die Blätter sind eiförmig und am Rande eingekerbt, sie wachsen gegenständig angeordnet am Stängel. Bis Ende Juli wird die Heilpflanze bis zu 70 cm hoch und verzweigt sich, sofern sie genügend Platz dafür hat. Anschließend erscheinen weiße Blüten angeordnet zwischen den Blattetagen in den Blattachseln. Die Melisse kann man auch in Blumentöpfen ansäen. Sobald sie gekeimt und etwa fünf bis zehn Zentimeter groß ist, kann man sie an einem warmen, geschützten Platz im Garten auspflanzen. Der Boden sollte durchlässig sein und ausreichend gegossen werden. Damit die Melisse an Kraft gewinnt und im Folgejahr gestärkt neu austreibt, sollte man sie im ersten Jahr noch nicht allzu stark abpflücken. Nach der Ernte, die noch vor der Blütezeit stattfinden sollte, wird empfohlen, die getrocknete Melisse nicht in Metalldosen aufbewahren und auch nicht anderweitig mit Metall in Berührung kommen zu lassen, um Oxidationen zu vermeiden.

Heilmittel aus Melisse werden aus den jungen Blättern hergestellt, deren wesentliche Wirkstoffe ätherische Öle, Gerb-, Bitter-Schleimstoffe und Vitamin C sind. Melisse galt seit der Antike als Heilmittel bei einer Vielzahl von Beschwerden, so etwa gegen Gebärmutterleiden, Herz- und Bauchbeschwerden, Geschwüre und Augenleiden sowie Asthma und Gelenkschmerzen. Hildegard von Bingen rühmte die Melisse, dass sie die Heilkraft von fünfzehn anderen Kräutern in sich trüge, und schätzte vor allem ihre beruhigende Wirkung. Auch nannte sie Melisse das Kraut, „das das Herz freudig macht". Bereits im 14. Jahrhundert entstand durch das Verfahren der Destillation ein „Melissengeist", der heute noch in Apotheken und Drogeriemärkten vertrieben wird.

<u>Wirkung der Melisse:</u>

- Melisse beruhigt die Nerven und unterstützt so bei Schlafstörungen, Nervosität und nervösen Magenbeschwerden.
- Sie besitzt eine stimmungsaufhellende Wirkung und hilft dadurch, bei schlechter Laune und depressiven Verstimmungen wieder in das seelische Gleichgewicht zu kommen.

- Die Heilpflanze fördert die Entspannung und löst Ängste.
- Unterstützen kann sie auch bei Konzentrationsschwierigkeiten und Gedächtnisproblemen.
- Krampfartige Menstruationsbeschwerden können mit ihrer Hilfe gelöst werden.
- Kopfschmerzen, leichte Migräne, Schwindel und Ohrensausen werden durch Melisse gelindert.
- Auch bei Erkältungen und Fieber unterstützt die Melisse.
- Äußerlich aufgetragen hilft Melisse aufgrund ihrer virushemmenden Wirkung bei Herpes. Auch Geschwüre, Beulen, Blutergüsse, Insektenstiche, aber auch Nervenentzündungen und Milchstau bei stillenden Müttern können damit behandelt werden.
- Man kann mit Melisse auch rheumatische Beschwerden, Prellungen und Gliederschmerzen lindern.
- In den Wechseljahren kann Melisse gegen viele der typischen Beschwerden helfen, z. B. bei Schlafstörungen und innerer Unruhe, Hitzewallungen und Herzrasen.

Anwendungsmöglichkeiten:

Die Melissenblätter sind ein erfrischendes Gewürzkraut, das auch frischen Salaten eine besondere Note verleiht. Ihr leicht zitroniger Geschmack kann deinen Speisen somit einen Hauch Exotik verleihen und gleichzeitig profitierst du von ihren wertvollen Inhaltsstoffen. Melisse eignet sich sehr gut als Tee oder Zutat in Teemischungen und kann dich dabei unterstützen, vor dem Einschlafen zur Ruhe zu kommen. So kannst du Melisse z. B. mit Hopfen und Baldrian mischen und so deinen eigenen Beruhigungstee herstellen. Wie bei den meisten Kräutertees sollte er mindestens zehn Minuten Zeit haben, durchzuziehen, nachdem du die Kräuter mit kochendem Wasser übergossen hast. Mit diesem Tee getränkte Kompressen kannst du zur äußerlichen Anwendung auf die Haut auflegen. Besonders entspannend wirkt ein mit Melisse angereichertes Vollbad. Bei Lippenherpes empfiehlt sich echtes ätherisches Melissenöl, das die Vermehrung von Lippenherpesbläschen stoppt und vorhandene schneller abheilen lässt. Melissenöl und eine Melissentinktur kannst du mit der bekannten Methode des Einlegens in Pflanzenöl oder Alkohol selbst herstellen.

Nebenwirkungen:

Die Melisse als Heilpflanze ist sanft und daher sehr verträglich. Ihr allergisches Potenzial wird als gering eingeschätzt. Zur Anwendung in Schwangerschaft und Stillzeit liegen keine Daten vor, weshalb bei Unsicherheit eine Rücksprache mit dem Gynäkologen angeraten wird. Da Melisse möglicherweise die Aktivität der Schilddrüse beeinträchtigt, sollte bei einer entsprechenden Krankheit (z. B. Schilddrüsenunterfunktion) der Arzt oder Heilpraktiker über die Verwendung informiert werden. Bei allen beruhigenden Heilpflanzen ist eine Verlangsamung der Reaktionsfähigkeit z. B. beim Autofahren möglich.

Thymian

Thymian, der auch Quendel genannt wird, ist eine der Kräuterarten, die sowohl aufgrund ihres besonderen Geschmacks als auch wegen ihrer Heilwirkung gerne verwendet wird. Die Heilpflanze, die zur Familie der Lippenblütler zählt, findet vor allem Beachtung in der Behandlung von Atemwegserkrankungen und Halsschmerzen. Außerdem gilt Thymian als wirksames, natürliches Mittel bei Beschwerden im Verdauungstrakt.

Dieses Heilkraut zeigt sich als kleiner, mehrjähriger Halbstrauch, der ursprünglich in den Mittelmeerländern heimisch ist. Er kann bis zu 50 cm hoch werden und bei genügend Platz kann er nach ein paar Jahren sogar bis zu einem halben Quadratmeter Fläche beanspruchen. Die Stängel verholzen im Laufe eines Jahres. Daran wachsen kleine ovale, dunkelgrüne Blätter, die einen starken Duft verströmen. Die kleinen, hellrosa Blüten des Thymians wachsen in Kugeln oder Ähren an den Spitzen der Stängel. Inzwischen gibt es Thymiansorten, die auch den Winter in Mitteleuropa problemlos überstehen und immergrün sind. Diese winterharten Sorten wachsen gut in Gärten mit magerem Boden bei voller Sonne. Aber auch in Töpfen kann der Thymian angepflanzt werden, benötigt dann aber mehr Feuchtigkeit. Thymian kann im zeitigen Frühjahr angesät oder als fertige Pflanze gekauft und in den Garten eingesetzt werden. Im ersten Jahr ist der Thymian noch zart und sollte nur sparsam geerntet werden. Ab dem zweiten Jahr gewinnt er dann an Kraft und Größe. Am besten erntet man ihr vor, während oder nach der Blütezeit und bindet ihn zu kleinen Sträußchen zusammen, die man an einem schattigen, warmen Ort trocknen lässt. Wenn die Blätter trocken sind, lassen sie sich leicht vom Stängel abreiben.

Im alten Ägypten wurden Einbalsamierungssalben für Mumien mit dem konservierenden Thymian versetzt. Das Gewürzkraut ist demnach lange bekannt für seine entzündungshemmende und antibakterielle Wirkung. Früher verwendete man die Salbe beispielsweise bei Hautflechten. Bei den Griechen stand sein Duft für Eigenschaften wie Tapferkeit, Aktivität und Mut. Die Ärzte der Antike kannten ihn noch als Heilpflanze bei Warzen, Hämorrhoiden, Ödemen und Ischiasschmerzen. Auch in mittelalterlichen Klostergärten wurde er angebaut und galt als Heilmittel, das Schleim in Rachen und Magen löst, den Bandwurm vertreibt sowie Harn und Menstruation fördert. Es wird davon berichtet, dass Thymian die „bösen Säfte" vertreibe. Ebenfalls wurde er für rituelle und für medizinische Räucherungen benutzt, besonders bei Erkrankungen der Atemwege. Im Krankheitsfall räucherte man Thymian, weil man daran glaubte, dass man danach ohne Albträume schlafen könne. Als stark duftende Heilpflanze schützte sie Mensch und Tier vor Krankheit, hielt Hexenzauber und Blitzschläge ab.

<u>Wirkung des Thymians:</u>

- Bei einer langsamen oder empfindlichen Verdauung kann die Einnahme von Thymian unterstützend wirken.

- Thymian wirkt körperlich und seelisch stärkend und unterstützt bei Angstzuständen, trüben Gedanken, niedrigem Blutdruck, Antriebslosigkeit, Ermüdungs- und Schwächezuständen.
- Wirkungsvoll ist Thymian bei Bronchitis und Katarrhen, also Entzündungen der Schleimhaut, im Bereich der oberen Luftwege. Er regt den Abtransport und die Verflüssigung festsitzenden Schleims in den Bronchien an, sodass leichter abgehustet werden kann. Verkrampfungen der Atemwege werden gelöst.
- Das Heilkraut hat eine beruhigende Wirkung bei Kopfschmerzen, leichter Migräne und Schlaflosigkeit.
- Hautprobleme und Haarausfall können durch Behandlungen mit Thymian verbessert werden.
- Thymian gilt als eines der wirksamsten natürlichen Antibiotika. Das enthaltene Thymol wirkt wachstumshemmend auf Bakterien, Pilze und Viren.
- Thymian hilft, eine unregelmäßige Menstruation zu regulieren und starke Blutungen einzudämmen. Prämenstruelle Beschwerden wie z. B. Reizbarkeit, Nervosität sowie Antriebslosigkeit können gelindert werden.

Anwendungsmöglichkeiten:

Thymian wird hauptsächlich als Tinktur oder Tee verwendet und kommt innerlich als auch äußerlich zum Einsatz. Auch als ätherisches Öl ist Thymian erhältlich und vielseitig einsetzbar. Solltest du Atemwegserkrankungen mit dem Heilkraut behandeln wollen, ist eine einfache Verwendung die Inhalation eines entsprechenden Suds. Dafür gibst du etwa zwei Esslöffel getrockneten Thymian in eine Schüssel und übergießt ihn mit zwei Liter kochendem Wasser. Inhaliere den aufsteigenden Wasserdampf für zehn bis fünfzehn Minuten, wobei der Kopf mit einem großen Handtuch bedeckt wird, damit der heilende Dampf nicht entweichen kann. Bei akuten Halsentzündungen lässt sich der abgekühlte Tee als Gurgellösung benutzen. Bei Husten kann dir eine Einreibung der Brust mit Thymianöl Linderung bringen. Dafür kannst du entweder selbst Thymianöl ansetzen oder zehn Tropfen ätherisches Thymianöl mit zwanzig Tropfen Mandelöl verdünnen. Diese Mischung kannst du auch zum Einreiben bei Muskelverspannungen nutzen. Als entspannender Badezusatz hilft dir Thymian, in einen Ruhezustand zu finden, rheumatische Beschwerden zu lindern, die Haut zu beruhigen und zu pflegen und die entzündungshemmenden Dämpfe z. B. bei Erkältungen einzuatmen. Eine Kissenhülle befüllt mit getrocknetem Thymian fördert deinen Schlaf. Wenn du möchtest, kannst du noch weitere schlaffördernde Kräuter hinzufügen, wie z. B. Oregano, Lavendel, Baldrian und Hopfen. Wenn du dein Kräuterkissen im Bett in der Nähe deines Kopfes platzierst, entfaltet es durch deine Körperwärme seine wohltuenden Wirkungen. Nicht zu vergessen ist Thymian als Gewürz in der gesunden, mediterranen Küche eine wahre Geschmacksbereicherung.

Nebenwirkungen:

Menschen mit schweren Leberschäden oder Funktionsstörungen der Schilddrüse sollten bei der Anwendung von Thymian vorsichtig sein. Eine passende Behandlung der Symptome sollte in enger Absprache mit einem Arzt oder Heilpraktiker stattfinden. Bei einer Geburt kann Thymian unterstützend wirken. Während der Schwangerschaft selbst wird Thymian wegen seiner gebärmutterstimulierenden Wirkung dagegen nicht empfohlen bzw. es wird von der Einnahme in der Schwangerschaft abgeraten. Sehr selten können bei der Einnahme von Thymianpräparaten Überempfindlichkeitsreaktionen auftreten, wie z. B. Luftnot, Hautausschläge oder Magen-Darmbeschwerden. Allergische Reaktionen aller Art solltest du von deinem Arzt oder Heilpraktiker abklären lassen.

Ringelblume

Hildegard von Bingen nutzte „Ringula", die gelb-orange blühende Pflanze, gerne als Heilpflanze und kultivierte sie im Klostergarten. Aufgrund ihres Aussehens wird sie auch „Morgenröte" oder „Goldblume" genannt und ist sie auch als Zierpflanze in Gärten sehr beliebt. Gelegentlich kommt sie aber auch als Wildpflanze vor. Für medizinische Zwecke werden die Blütenblätter direkt nach dem Aufblühen getrocknet. Ursprünglich ist die Ringelblume in Südeuropa beheimatet. Die einjährige Pflanze wird ca. 60 cm hoch und bildet einen hellgrünen Stängel aus. Die Blätter der Ringelblume sind behaart, unten breit und werden nach oben hin kleiner und schmaler. Die leuchtend gelb-orangen Blüten, die ab Juni über den ganzen Hochsommer hinweg zu sehen sind, gehören zur Familie der Korbblüten. Je nach Sorte tragen einige gefüllte Blüten und andere ungefüllte. Die Ringelblume blüht von Mai bis Oktober, bei mildem Herbst sogar bis Dezember. Aus den Blüten entwickeln sich die Samen in Krallenform, die mit Widerhaken ausgestattet sind. Mithilfe der Haken hängen sich die Samen im Fell von Tieren fest, um zur Verbreitung der Pflanze beizutragen. Gerade diese Form der gebogenen Samen hat der Ringelblume ihren Namen eingebracht. Der Anbau der Ringelblume ist leicht, denn sie ist eine pflegeleichte Heilpflanze. Als einjährige Pflanze muss sie jedoch jedes Jahr neu ausgesät werden. Von der Ringelblume werden in erster Linie die Blüten für die Naturheilkunde gesammelt. Dazu werden zunächst die Blütenköpfe im Ganzen getrocknet und anschließend die Blütenblätter abgezupft. In der Volksheilkunde werden auch die Blätter der Ringelblume verwendet.

Bereits im Mittelalter kannte man die heilende Wirkung der Ringelblume bei Verdauungsbeschwerden und Entzündungen. In der damaligen Klostermedizin galten Ringelblumensalben, hergestellt aus Schweineschmalz und Ringelblumen, als das wichtigste entzündungshemmende Heilmittel. Die Ringelblume wurde im christlichen Glauben als „Totenblume" an Gräbern gepflanzt, galt als Erlöserin der verstorbenen Seele und Mittlerin zwischen den beiden Welten Himmel und Erde.

Mittlerweile ist die Ringelblume oder auch Calendula eine der bekanntesten und wichtigsten Heilpflanzen, die auch wissenschaftlich erforscht und anerkannt ist. Bestätigt wurde ihre Wirkung bei Entzündungen der Haut und Schleimhäute, bei Biss-, Quetsch- und Brandwunden. Die Ringelblume unterstützt vor allem bei einer schnellen Wundheilung, für die sie wegen ihrer keimtötenden und entzündungshemmenden Eigenschaften oft eingesetzt wird. Doch die gelb-orange leuchtende Blüte hat noch mehr zu bieten.

Wirkung der Ringelblume:

- Ringelblume hat die Eigenschaft, den Wundverschluss und das Wachstum neuer Zellen zu fördern. So unterstützt sie bei schlecht heilenden Hautabschürfungen, Schnittwunden und Verbrennungen. Sie kann auch bei der Warzenbehandlung helfen. Als Mundspülung heilt sie Zahnfleischentzündungen.
- Sie hat eine krampflösende und östrogenartige Wirkung und lindert so Menstruationsbeschwerden wie z. B. starke Blutung, Krämpfe, Brustschwellung. In den Wechseljahren mildert sie die typischen Beschwerden.
- Ringelblume stärkt die Verdauungsorgane wie Leber oder Galle und kann bei akuter Übelkeit, Darmentzündungen und Magengeschwüren helfen. Zusätzlich besitzt sie eine leicht abführende Wirkung.
- Kopfschmerzen, Einschlafstörungen oder Schwindelanfälle lassen sich mit der Heilpflanze mildern.

Anwendungsmöglichkeiten:

Da Ringelblume vor allem äußerlich angewendet wird, ist die Herstellung eines Wundöls eine gute Möglichkeit, um von ihren hautheilenden Eigenschaften zu profitieren. Dafür gibst du die getrockneten Blütenblätter in ein Schraubglas und füllst es mit kalt gepresstem Olivenöl auf. Verschraube das Glas fest und stelle es für zwei Wochen in die Sonne. Schüttle es in dieser Zeit täglich einmal. Anschließend kannst du das Öl durch einen Tee- oder Kaffeefilter gießen, um die Blütenblätter herauszufiltern. Aufbewahren solltest du es in einer dunklen Flasche, dann hält es sich im Kühlschrank bis zu einem halben Jahr. Die ursprüngliche Variante im Kloster war es, Ringelblumensalbe mit Schweineschmalz herzustellen. Da das womöglich nicht jedem zusagt, kannst du auch Vaseline oder Bienenwachs vermengt mit Jojobaöl verwenden. Dafür werden die Blütenblätter bei kleiner Hitze im Jojobaöl erwärmt, damit sie die Wirkstoffe abgeben, und anschließend mit dem Bienenwachs oder der Vaseline vermengt. Eine weitere Anwendungsmöglichkeit ist das Trinken von Ringelblumentee. Dafür übergießt du drei bis fünf getrocknete Blüten mit 250 ml kochendem Wasser und lässt den Tee fünf bis zehn Minuten ziehen, bevor du die Blüten wieder entfernst. Empfohlen wird, drei Tassen täglich zu trinken, um genügend ihrer lindernden Wirkstoffe aufzunehmen. Getrocknete Ringelblumen sind auch als Badezusatz bei Menstruationsbeschwerden oder Hauterkrankungen wie Ekzemen, Ausschlägen oder Juckreiz geeignet. Dazu kochst du etwa einen Liter mit zehn Ringelblumenblüten auf und fügst den Aufguss nach fünfzehn Minuten einfach zu deinem Badewasser hinzu.

Nebenwirkungen:

Nebenwirkungen der Ringelblume sind nicht bekannt, jedoch können allergische Reaktionen bei Empfindlichkeiten gegen Korbblütler oder bei empfindlicher Haut nicht ausgeschlossen werden. Beschwerden wie z. B. Rötung, Brennen oder Juckreiz könnten auftreten. Während der Schwangerschaft sollte Ringelblume nicht innerlich angewendet werden, da diese Wehen auslösen kann. Weitere Wechsel- oder Nebenwirkungen sind nicht bekannt.

Mädesüß

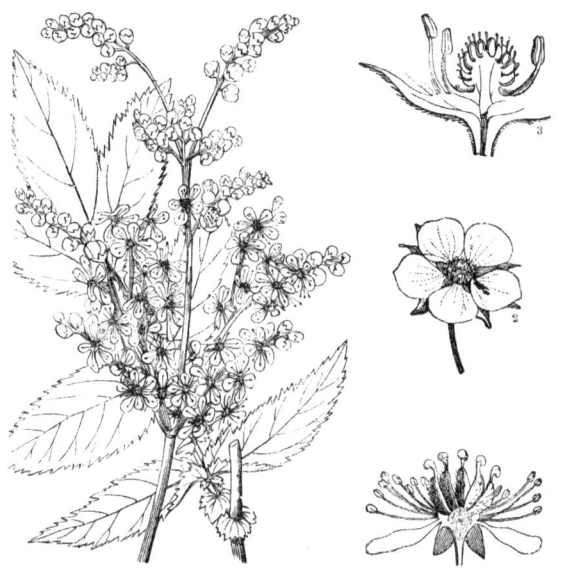

Mädesüß wird im Volksmund auch „Wiesenkönigin" genannt, da sie mit ihrem hohen Blütenstand alle anderen Pflanzen und Gräser auf der Wiese überragt. Man bezeichnet sie auch als „Wiesen-Aspirin", da sie eine entzündungshemmende und fiebersenkende Wirkung besitzt und daher gern bei Erkältungserkrankungen eingesetzt wird.

Mädesüß stammt aus der Familie der Rosengewächse und ist eine bis zu 1,5 m hohe Staude, die in ganz Europa als auch in Nord- und Mittelasien verbreitet ist. Bevorzugt wächst sie auf feuchten Wiesen und in der Nähe von Gewässern. Nach der Blütezeit in den Monaten Juni bis August bilden sich aus den Blüten die Früchte aus. Es entstehen kleine, spiralig-gekrümmte Nüsschen, welche die Samen der Pflanze enthalten. Sobald sich die Blüten voll entfaltet haben, wird der obere Teil der Pflanze, das blühende Kraut, geerntet und schonend getrocknet. Besonders charakteristisch ist der intensive süßliche Duft der zahlreichen Blüten, die der Heilpflanze wohl zu ihrem Namen verholfen hat, denn er leitet sich von „süßt den Met" ab. Mädesüß lässt sich auch im eigenen Garten kultivieren. Sie liebt sonnige bis halbschattige Plätze und feuchten Boden. Ist der Boden zu trocken, wird sie sehr empfindlich gegenüber Schädlingen. Die Heilpflanze kann im Frühjahr direkt im Freiland ausgesät werden. Alternativ wird sie vorher in Töpfen vorgezogen und dann in den Garten gesetzt. Zwischen einzelnen Pflanzen sollte ein Abstand von etwa 30 cm liegen. Im Herbst werden die abgeblühten Stängel zurückgeschnitten, sodass die Staude im darauffolgenden Frühjahr erneut gut austreiben kann.

Mädesüß war eines der drei heiligsten Kräuter der Druiden. Auch die Germanen verehrten diese Pflanze sehr. Die Wiesenkönigin wurde genutzt, um Met ein Mandelaroma zu verleihen, und galt auch als wichtige Ritualpflanze. Sie wurde in der Mittsommernacht gesammelt und zum Schutz im Stall und im Haus aufgehängt. Während der Sonnenwendfeierlichkeiten verbrannte man sie, um böse Geister und Dämonen zu vertreiben. Auch streute man sie auf Wege und in Räume, damit sie ihren Duft verströmen konnte. In der Antike war das Gewächs als Heilmittel bekannt, wurde aber im Mittelalter, aufgrund der heidnischen Bewunderung, wieder zurückgedrängt. Hildegard von Bingen schätzte die Wiesenkönigin sehr. Eingelegt in Wein stellte sie daraus schmerzlindernde Umschläge her und sie benutzte sie als Entwurmungsmittel und wegen der harntreibenden Wirkung.

Es wird berichtet, dass Mädesüß die Intuition und prophetische Träume fördern soll. Naturgeister und gutgesinnte Wesenheiten zieht der lieblich süße Duft an. Es unterstützt bei Neuanfängen und Übergängen z. B. vom Kind zur Frau. Auch in Liebeszaubern fand Mädesüß eine Verwendung, da es den Beginn von Beziehungen initiiert. In Brautsträußen verarbeitet half es der Braut, den Einstieg in das Eheleben zu erleichtern und der neuen Verbindung Glück zu bringen. Die Kelten nutzten die Wiesenkönigin bei Begräbniszeremonien als Übergangspflanze und zum Trost der Angehörigen.

Ihrem Ruf als „Wiesen-Aspirin" wird sie aufgrund ihrer vielzähligen Wirkungsweisen gerecht, denn die Heilpflanze enthält einen hohen Anteil an Salicylsäure. Mädesüß hat zur Entdeckung des Aspirins beigetragen. Man stellte sozusagen Aspirin aus Mädesüß und Weidenrinde her, bevor der Inhaltsstoff synthetisiert wurde.

Wirkung des Mädesüß:

- Mädesüß hilft bei Kopfschmerzen und Migräne aufgrund seiner schmerzlindernden, krampflösenden Wirkung, was dem Inhaltsstoff Salicylsäure zugeschrieben wird.
- Bei Menstruationsbeschwerden bringt Mädesüß Schmerzlinderung und es beruhigt Bauchkrämpfe.
- Die Wiesenkönigin eignet sich bei Erkältungen oder grippalen Infekten. Sie senkt das Fieber und erleichtert auch Schmerzen. Schleimhäute schwellen leichter ab.
- Die harntreibende und entgiftende Wirkung hilft bei Harnwegsinfektionen und Stoffwechselstörungen.
- Rheumatische Beschwerden können mit Mädesüß gelindert werden.
- Äußerlich angewendet hilft die Wiesenkönigin beim Abheilen von Ödemen.

Anwendungsmöglichkeiten:

Zur Verwendung als Heilpflanze nutzt du vor allem die Blüten, die den höchsten Gehalt an Salicylsäure und auch das meiste Aroma haben. Die Blätter des Mädesüß lassen sich zwar verwenden, weisen aber einen herberen Geschmack auf. Du kannst Mädesüß in deinen Speiseplan integrieren und damit Süßspeisen, Weinen und

Salaten eine besondere Geschmacksnote verleihen, die an Marzipan und Honig erinnert. Für die Zubereitung eines Tees kannst du die jungen Blätter, die Blüten oder die Wurzel verwenden. Blüten werden in einem Aufguss gekocht. Für die Zubereitung eines Erkältungstees kannst du Mädesüß auch mit Kräutern wie Thymian und Lindenblüten mischen. Für eine äußerliche Behandlung empfiehlt es sich, Dampfbäder oder Salben mit Mädesüß herzustellen. Für ein Dampfbad verwendest du etwa zwei Teelöffel getrocknete Blüten, die im heißen, nicht mehr kochenden Wasser, ziehen sollten. Der Dampf enthält jetzt noch den wichtigen schmerzlindernden Wirkstoff Salycinsäure. Zur Herstellung einer Salbe eignet sich Leinöl, das im Wasserbad zusammen mit den frischen Mädesüßblüten leicht erhitzt wird. Das Öl sollte anschließend einen Tag ziehen und danach mit Lanolin vermischt werden. Für eine Mädesüßtinktur wird etwa eine Handvoll getrockneter Blüten und Blätter mit 250 ml 45-prozentigem Alkohol übergossen. Zum Durchziehen stellst du das Glas am besten an einen warmen, aber nicht sonnigen Ort und schüttelst es täglich. Kontrolliere den Inhalt auch auf Schimmelbildung. Nach drei bis vier Wochen ist die Tinktur fertig und du kannst sie in eine dunkle Flasche abfiltern. Äußerlich angewendet, kannst du damit Gelenke und Muskeln zur Schmerzlinderung und Entkrampfung eintreiben. Eingenommen wirkt die Tinktur als natürliches Schmerzmittel.

Nebenwirkungen:

Nebenwirkungen: Menschen, die eine Überempfindlichkeit gegen Salicylsäure aufweisen, und Schwangere und Asthmatiker sollten auf Mädesüß verzichten oder ihren Arzt oder Heilpraktiker vor der Verwendung fragen. Die im Mädesüß enthaltenen Salicylverbindungen gelten als leichte Schmerz- und Fiebermittel, weshalb von einer gleichzeitigen Anwendung von synthetischen Schmerzmitteln abgeraten wird.

Rosmarin

Wer kennt sie nicht, die leckeren Rosmarinkartoffeln. Rosmarin ist eines der bekanntesten Gewürzkräuter und fehlt in keiner mediterranen Küche. Doch Rosmarin ist mehr als nur ein Küchenkraut, denn seine zahlreichen Inhaltsstoffe haben eine wichtige Bedeutung für die Naturheilkunde.

Der Rosmarin ist ein Kleinstrauch aus der Familie der Lippenblütler und wird als Heilpflanze aufgrund der entzündungshemmenden, krampflösenden und vitalisierenden Eigenschaften geschätzt. Er wurde im ersten Jahrhundert nach Christus in Mitteleuropa eingeführt. Rosmarin wächst in Mittelmeerländern sogar wild. In Mitteleuropa kann der Rosmarin, aufgrund seiner fehlenden Winterhärte jedoch nicht ganzjährig im Freiland überleben, weshalb die Anzucht in Kübeln sinnvoll ist. Allerdings gibt es einige Pflanzenzüchtungen, die es mit der Winterkälte aufnehmen können. Wenn sich der Rosmarin an seinem Standort wohlfühlt, kann er sogar bis zu zwei Meter hoch werden. In Pflanzkübeln bleibt er aber ein kleiner Strauch von maximal 50 cm Höhe. Die schmalen, nadelartigen Blätter sind immergrün und fallen daher im Winter nicht ab. Diese kleinen Nadeln wachsen direkt an den Zweigen, sind hart und ätherisch duftend. Zwischen März und Mai und gelegentlich noch einmal im September, blüht der Rosmarin mit kleinen, hellblauen Lippenblüten. Die Rosmarinnadeln pflückt man am besten kurz vor der Blüte, denn dann sind sie am gehaltvollsten. Aber auch die Blüten können in der Naturheilkunde ihre Verwendung finden. Die gesammelten Pflanzen sollten schonend getrocknet werden, damit die ätherischen Öle nicht verduften. Für den Anbau im eigenen Garten oder auf dem Balkon erhält man ihn entweder als vorgezogene Pflanze oder als Samen. Der Rosmarinstrauch liebt warme und sonnige Standorte.

Im Altertum wurde der Rosmarin sehr geschätzt. Er wurde sogar der Göttin Aphrodite geweiht und war das Symbol für Liebe und die Schönheit. Dem Rosmarin wurde, wie vielen stark duftenden Pflanzen, eine Schutzwirkung zugeschrieben. Rosmarinzweige wurden daher kleinen Kindern zum Schutz in die Wiege gelegt. Rosmarin begleitete das gesamte Leben der Menschen und wurde z. B. Bräuten zum Schmuck gereicht. Er wurde in mittelalterlichen Kräuterbüchern oft erwähnt und innerlich sowie äußerlich angewendet gegen eine Vielzahl von Beschwerden empfohlen. Zudem wird davon berichtet, dass ätherisches Rosmarinöl in einem der ersten Parfums Verwendung fand.

<u>Wirkung des Rosmarins:</u>

- Äußerlich angewendet hilft Rosmarin bei Schmerzen des Bewegungsapparates z. B. bei Muskelkrämpfen.
- Rosmarin ist durchblutungsfördernd und unterstützt so bei Herz- und Gefäßerkrankungen.

- Vor allem bei Verdauungsbeschwerden ist die Heilpflanze innerlich angewendet hilfreich, denn sie entkrampft und stärkt die Verdauung und stimuliert die Gallenproduktion.
- Aromatherapeutisch angewandt wirkt sein ätherisches Öl Erschöpfungszuständen entgegen, belebt, aktiviert und gleicht aus.
- Rosmarin kann niedrigen Blutdruck stärken, da er dem Herz-Kreislaufsystem zu neuer Kraft verhilft.
- Nervöse Herzbeschwerden und Herzrhythmusstörungen können mit Rosmarin behandelt werden.
- Kopfschmerzen und Migräne werden durch Rosmarin gelindert, da er schmerzstillend und krampflösend wirkt.
- Menstruationsbeschwerden werden mithilfe von Rosmarin besänftigt.
- Die harntreibende Wirkung von Rosmarin unterstützt bei Harnwegsinfektionen.

Anwendungsmöglichkeiten:

Zunächst einmal kannst du Rosmarin natürlich als gesundes Küchenkraut in deinen Speisen verwenden. Gerade die mediterrane Küche profitiert vom gehaltvollen Geschmack der Rosmarinnadeln. Das ätherische Öl ist besonders wirksam, doch solltest du es nur äußerlich und verdünnt anwenden. Auch in einer Duftlampe oder als Zusatz im Badewasser entfaltet Rosmarin seine geschätzte Wirkung auf Körper, Geist und Seele. Aus Rosmarin kannst du ebenfalls mithilfe von hochprozentigem Alkohol eine Tinktur herstellen, die du für Einreibungen oder als Badezusatz benutzen kannst. Dafür ebenfalls hergestellt werden kann Rosmarinöl, mit dem du auch Salate verfeinern kannst oder eben zur äußeren Anwendung auf deiner Haut.

Eine beliebte Art, die Heilwirkung von Kräutern erfahrbar zu machen, ist das Trinken des damit aufgebrühten Tees. Dafür übergießt du ganz einfach einen Rosmarinzweig mit kochendem Wasser und lässt den Tee für zehn Minuten ziehen. Entferne den Rosmarinzweig und genieße das Heißgetränk ungesüßt oder mit Honig verfeinert. Du kannst als erfrischende Variante auch eine Scheibe Zitrone aus biologischem Anbau in deinen Tee geben. Der Geschmack von Rosmarin und Zitrusfrüchten harmonisiert sehr gut.

Nebenwirkungen:

Wie bei allen ätherischen Ölen kann es bei Konsum von zu hohen Mengen des konzentrierten Öls zu Reizungen der Verdauungsorgane und Nieren kommen. Während der Schwangerschaft sollen keine ätherischen Rosmarinöle eingenommen werden. Bei Einnahme von Medikamenten sollte beachtet werden, dass konzentrierte Rosmarinsubstanzen den Abbau von Medikamenten stark beeinflussen können. Gelegentlich kann es auf der Haut zu Kontaktallergien gegen Rosmarinöl kommen. Äußerlich sollten keine Extrakte eingesetzt werden, die mehr als sechs Prozent des ätherischen Öls enthalten. Die Tagesdosis an Rosmarinblättern sollte maximal zwischen vier und sechs Gramm liegen. Bei körperlichen Reaktionen oder Unsicherheiten ist in jedem Fall ein Arzt oder Heilpraktiker zu kontaktieren.

Mutterkraut

In den Sommermonaten begegnet einem das Mutterkraut, das zur Familie der Korbblütler zählt, an Wegrändern und erinnert, in seiner Erscheinung, an die Kamille. Es ist eine altbewährte Heilpflanze, die vor allem bei Frauenleiden eingesetzt wurde. Doch auch ihr Ruf als verlässliches Heilmittel bei Kopfschmerzen und Migräne brachte ihr bereits bei den Vorfahren großes Ansehen ein. Aber auch die heutige Wissenschaft hat großes Interesse am Mutterkraut, denn man fand in ihm die Mutterkrautsubstanz „Parthenolid" – ein Wirkstoff, der in Zukunft bei der Bekämpfung von Leukämie eine wichtige Rolle spielen könnte.

Ursprünglich war das Mutterkraut, auch als falsche Kamille bezeichnet, im östlichen Mittelmeerraum beheimatet. Von dort aus nahm es seinen Weg nach Mittel- und Westeuropa und wurde als Heil- und Zierpflanze in Bauern- und Klostergärten kultiviert.

Mittlerweile existieren verschiedene Sorten des Mutterkrauts, die vor allem wild wachsen. Als Gartenpflanze geriet es mehr und mehr in Vergessenheit. Das Heilkraut bevorzugt nährstoffreiche Lehmböden. Daher kommt es häufig als Unkraut oder in Feldnähe vor. Mutterkraut ist eine mehrjährige Pflanze und kann den Winter bei Bodenfrost bis zu −12 °C überstehen. Ein Zurückschneiden des Mutterkrauts in den Herbstmonaten ist daher angeraten.

In den Frühlingsmonaten wachsen zunächst die oliv- bis hellgrünen, rundlich gefiederten Blätter des Mutterkrauts an verzweigten Stängeln. Je nach Standort kann die Heilpflanze bis zu 80 cm hoch werden und sich sogar über einen Quadratmeter hinweg ausbreiten. Ende Juni bis August bildet das Mutterkraut kamillenähnliche Blüten. Zuerst entstehen Körbchen mit den gelben Blüten und danach wachsen die weißen Zungenblüten. Verglichen mit der Kamille sind jene des Mutterkrauts etwas kürzer. Es besitzt einen starken, würzigen Duft, mit dem es Insekten anzieht. Die Vermehrung des Mutterkrautes erfolgt durch Samen, Teilung des Wurzelstocks oder durch Ableger. Spätestens im März ist die Zeit gekommen, die Samen an einem warmen Ort in die Anzuchterde zu setzen. Ab Mai/Juni können die jungen Pflänzchen dann ins Freiland gesetzt werden. Nährstoffreicher, lehmhaltiger Boden wird von der Heilpflanze bevorzugt und bringt sie so richtig zum Erblühen. Bei Teilung eines Mutterkraut-Wurzelstocks wird dieser in etwa drei bis fünf Wurzelstücke aufgeteilt und im März in den Boden gesetzt. Zwischen den einzelnen Pflanzen sollten 30 cm Abstand verbleiben. Das Mutterkraut wird am besten zu Beginn der Blüte, etwa Anfang Juli, geerntet. Dafür wird die gesamte Pflanze abgeschnitten und zügig zum Trocknen aufgehängt.

Mutterkraut wurde bereits im Altertum als Heilpflanze in der Frauenheilkunde eingesetzt. Hier half sie vor allem während des Geburtsvorgangs, bei Menstruationsschmerzen und unregelmäßigen

Monatszyklen. Schnell merkten die Pflanzenheilkundler der damaligen Zeit, dass dieses Kraut eine krampflösende und schmerzstillende Eigenschaft besitzt. Dies führte dazu, dass sein Anbau in Gärten gefördert, ja sogar angeordnet wurde. Innerlich angewendet wurde das Heilkraut in Essig und Salz eingelegt. Zur äußerlichen Behandlung wurden alle Pflanzenteile ausgedrückt und als Pflaster auf die betroffene Hautstelle gelegt.

Wirkung des Mutterkrauts:

- Mutterkraut fördert Monatsblutungen und hilft, den Menstruationszyklus zu regulieren, wenn dieser unregelmäßig geworden ist.
- Periodenkrämpfe werden aufgrund der krampflösenden Wirkung des Krauts gelindert.
- Während und nach der Geburt stärkt es die Arbeit der Gebärmutter.
- In den Wechseljahren gleicht das Mutterkraut den Hormonmangel aus.
- Mutterkraut wirkt vorbeugend gegen Migräne-Attacken.
- Aktuelle Forschungen haben ergeben, dass der Wirkstoff Parthenolid im Mutterkraut zukünftig möglicherweise gegen Leukämie eingesetzt werden könnte.
- Es ist ein gutes Heilkraut zur Behandlung von Erkältungen und Fieber. Bei Asthma und Husten kann es die Atmung erleichtern.
- Die Verdauung wird durch die Einnahme von Mutterkraut gefördert, Blähungen werden gelindert und es wirkt leicht abführend.
- Historisch belegt ist, dass das Heilkraut als Entwurmungskur genutzt wurde.
- Rheumatische Erkrankungen können gelindert werden.

- Aufgetragen auf frische Insektenstiche kann Mutterkraut das schnelle Abheilen fördern. Präventiv aufgetragen wehrt es Insekten ab.
- Eitrige Wunden können mit einem in Mutterkrauttee getränkten Umschlag behandelt werden.
- Wissenschaftliche Forschungen untersuchen aktuell ebenfalls die nervenregenerierende Wirkung des Mutterkrauts, was z. B. bei der Behandlung von Neuropathie eine große Unterstützung bedeuten könnte.

Anwendungsmöglichkeiten:

Zur präventiven und akut unterstützenden Behandlung von Kopfschmerzen und Migräne kannst du vier Wochen lang täglich ein frisches Mutterkrautblatt auf einem mit Fett, z. B. Butter oder Margarine, bestrichenen Brot essen. Das Fett sorgt dafür, dass die Inhaltsstoffe im Körper gut aufgenommen werden können. Dieses Rezept wurde bereits von Hildegard von Bingen angewandt und ist so überliefert worden. Nach dieser Kur ist es sinnvoll, eine vierwöchige Pause einzuhalten. Mutterkraut als Tee kannst du zur Vorbeugung bei Kopfschmerzen, Migräne, Menstruations- und anderen Bauchkrämpfen und zur Regulierung des Monatszyklus trinken. Auch bei Asthma, Erkältungen und Fieber kann dir dieser Tee helfen. Äußerlich angewendet eignen sich vor allem getränkte Umschläge für Wunden sowie Teilbäder, z. B. bei geschwollenen Füßen. Für die Zubereitung des Tees nutzt du einen Teelöffel der getrockneten oder frischen Heilpflanze auf eine Tasse heißem Wasser. Lasse die Teezubereitung bedeckt fünf bis zehn Minuten ziehen. Empfohlen wird, hiervon täglich drei Tassen über mehrere Wochen zu trinken oder äußerlich anzuwenden. Du kannst auch mit dem Mutterkraut eine Pflanzentinktur herstellen. Dafür nimmst du eine Handvoll getrockneter oder frischer Blüten und Blätter und füllst sie in ein verschließbares Glas. Dann füllst du es mit 45-prozentigem Alkohol auf und stellst es für vier Wochen an einen sonnigen Ort. Täglich schütteln nicht vergessen! Danach kannst du die Tinktur in eine dunkle Flasche abfiltern. Zur innerlichen Behandlung nimmst du täglich fünfzehn bis zwanzig Tropfen, z. B. zur Vorbeugung von Kopfschmerzen und Migräne. Bei Insektenstichen kannst du einen Tropfen auf die Einstichstelle auftragen. Verdünnt mit Wasser hilft eine Einreibung der Haut, Stechmücken abzuwehren.

Nebenwirkungen:

Bei Allergien gegen Korbblütler sollte Mutterkraut nicht verwendet werden. In seltenen Fällen können allergische Hautreaktionen an Mund und Zunge auftreten. Auf eine weitere Einnahme sollte dann sofort verzichtet werden. Für Schwangere und stillende Mütter liegen nicht genug Untersuchungen vor, ob Mutterkraut Nebenwirkungen haben könnte. Daher ist die Anwendung vorsichtshalber zu unterlassen. Gleiches gilt für Kinder unter zwölf Jahren.

Salbei

Der Name „Salvia" kommt aus dem Lateinischen und bedeutet „heilen". Es muss eine enorme Kraft in der Pflanze liegen, dass sie so bezeichnet wurde. Welche Heilkräfte stecken also im Salbei, der so vielen aus der mediterranen Küche bekannt ist? Salbei zählt zu den ältesten Heilpflanzen und wird von vielen aufgrund seiner unterstützenden Wirkung bei Erkältungsbeschwerden benutzt. Gerade bei Halsschmerzen sind Salbeibonbons oft die erste Wahl, um das Kratzen im Hals zu lindern. Ursprünglich kommt der ausdauernde Halbstrauch aus den südeuropäischen Gebirgen und fühlt sich auch in warmen Gegenden Mitteleuropas sehr wohl. An seinem verholzten Stängel befinden sich längliche, schmale Blätter, die – charakteristisch für Salbei – weich und filzig sind. In den Frühlingsmonaten zeigen sich die Blätter graugrün und werden im Herbst silbrig. Ab etwa Mitte Mai beginnt der Salbei zu blühen.

An den Enden der Stängel bilden sich dann hellviolette Lippenblüten, meistens gruppiert zu sechs bis zehn Stück. Der Boden sollte für den Anbau steinig und wasserdurchlässig sein. Auch sollte die Erde in Bezug auf den pH-Wert nicht zu sauer sein. Da seine ursprüngliche Heimat der mediterrane Mittelmeerraum ist, fühlt sich Salbei an Standorten mit direkter Sonne sehr wohl. Im Frühjahr können die Salbeisamen zur Anzucht, am besten an einem warmen Ort, z. B. einer sonnigen Fensterbank, in Anzuchterde gesät werden. Dabei ist es wichtig, die Erde stets feucht zu halten. Nach dem letzten Frost können die kleinen Salbeipflänzchen dann ins Freiland gesetzt werden. Das Heil- und Küchenkraut lässt sich auch über Teilung älterer Pflanzen oder Setzlinge vermehren.

Ab Frühjahr ist es möglich, die Blätter oder ganze Triebe des Salbeis laufend zu ernten. Nach der Blüte ist es ungünstig für die Pflanze, weiterhin Blätter abzunehmen, da im Anschluss an die Blüte das Nachwachsen eingestellt wird. Am besten genießt man den Salbei frisch, da durch Trocknung und Lagerung sich das Aroma zunehmend verliert.

Salbei war und zählt heute noch zu den beliebtesten Räucherpflanzen. Auch im keltischen Schamanismus wurde er als Räucherwerk verwendet. Dazu wurde der Salbei in Büscheln zusammengebunden und am Ende angezündet. Nach Löschen der Flamme entstand ein Rauch, der zur Reinigung von Räumen, als Schutz vor negativen Energien und zur Reinigung der Aura eingesetzt wurde. Salbei wurde zur Sonnenwende, am Johannistag und in der darauffolgenden Nacht (23./24. Juni) mit weiteren neun Kräutern, die regional variierten, zu Büscheln zusammengebunden. Das Medizinbündel bestand u. a. aus Salbei, Arnika, Ringelblume, Beifuß und Schafgarbe und sollte gegen Zauber, Blitz und Unwetter schützen. Salbei wurde unterstützend bei der Geburt eingesetzt und diente als Aphrodisiakum. Als Grabbeigabe behütete Salbei die Toten auch in der jenseitigen Welt. Die antibakterielle Wirkung von Salbei brachte der Heilpflanze den Status als Zahnpflegemittel ein und half, Zahnfleischentzündungen und Karies vorzubeugen. In der Frauenheilkunde wurde Salbei eingesetzt bei Schweißausbrüchen in den Wechseljahren. Mönche und Gelehrte erkannten das Potenzial für ihre Verstandestätigkeiten und tranken Salbeitee zum Erhalt ihrer geistigen Fähigkeiten. In Verbindung mit Thymian, Rosmarin und Lavendel spielte Salbei bei der Bekämpfung der Pest eine tragende Rolle. Es ist überliefert, dass sich Diebe in jener Zeit mit diesen Kräutern einrieben und so, ohne sich mit der Krankheit zu infizieren, ihre Raubzüge und Plünderungen realisieren konnten.

Wirkung des Salbeis:

- Salbei hilft als antibakterielles Heilmittel bei Entzündungen der Mundschleimhaut und des Zahnfleisches.
- Mundgeruch wird durch das Kauen eines frischen Salbeiblattes beseitigt, Zahnplaquebakterien dadurch vermindert.
- Krampflösend und entspannend wird Salbei bei Darm-, Gallenblasenkrämpfen eingesetzt. Er verstärkt den Gallenfluss und hilft generell bei Verdauungsbeschwerden mit Bauchschmerzen, Blähungen und Durchfall.
- Aufgrund des im Salbei enthaltenen Inhaltsstoffes Thujon besitzt dieser eine schmerzlindernde Wirkung, z. B. bei rheumatischen Beschwerden.
- Salbei gilt als schweißhemmendes Mittel, z. B. bei Nachtschweiß und übermäßigem Schwitzen.
- Er soll bei der Erkrankung Diabetes helfen, den Glukosespiegel im Blut zu senken.
- Die Heilpflanze hat eine antioxidative und eine entzündungshemmende Eigenschaft, was der Wundheilung, z. B.

- bei Sonnenbrand, schlecht heilenden Wunden, Ekzemen, Geschwüren und Insektenstichen, entgegenkommt.
- Salbei lindert Halsentzündungen, Husten, Kehlkopfentzündungen und andere Erkältungserscheinungen.
- Seine östrogenartigen Substanzen können bei Wechseljahr- und Menstruationsbeschwerden helfen.
- Bei stillenden Müttern bremst Salbei die Milchproduktion, verhindert so Milchstau und unterstützt in der Abstillphase.

Anwendungsmöglichkeiten:

Verwenden kannst du Salbei in Form von getrockneten Blättern, als alkoholischen Auszug (Tinktur), als öliges Destillat oder auch als Frischpflanzenpresssaft. Besonders beliebt und schnell zuzubereiten ist ein reiner Salbeitee. Dafür musst du lediglich ein paar frische oder getrocknete Blätter mit heißem Wasser aufbrühen und etwa zehn Minuten ziehen lassen. Diesen Tee kannst du auch äußerlich anwenden im Rahmen von Waschungen, Wundauflagen, Mundspülungen und Bäder. Eine hergestellte Tinktur oder Öl kannst du für Einreibungen der Haut, z. B. bei Muskelverspannungen oder Insektenstichen, benutzen. Im kosmetischen Bereich kannst du Salbei für die Haarpflege einsetzen. Er unterstützt bei schnell fettenden Haaren. Empfohlen hierfür wird eine Salbeirinse, die nicht ausgespült wird. Dafür setzt du einen kräftigen Salbeitee an und verdünnst ihn anschließend mit Wasser. Nach dem letzten Schamponieren spülst du dein noch feuchtes Haar damit. Das abtropfende Wasser kann aufgefangen werden und so die Rinse mehrmals wiederholt werden. Salbei duftet nicht nur intensiv, sondern hat auch einen würzigen Geschmack. Du kannst seine Blätter und Blüten in deine Ernährung integrieren. Gerade als Gewürzpflanze ist er aus der italienischen Küche nicht wegzudenken.

Nebenwirkungen:

Das im Salbei enthaltene Thujon besitzt bei höherer Dosierung toxische Wirkungen. Salbeitee oder Zubereitungen aus Salbei sollten daher nicht in höheren Dosen oder über einen längeren Zeitraum eingenommen werden. Nebenwirkungen äußern sich in beschleunigtem Herzschlag, Hitzegefühl, Krämpfen und Schwindelgefühl. Aufgrund des enthaltenen ätherischen Öls wird von einer Anwendung während der Schwangerschaft und Stillzeit sowie bei Kindern unter zwölf Jahren abgeraten. Bei bestimmungsgemäßem Gebrauch sind keine Nebenwirkungen oder Risiken zu erwarten. Sollten doch z. B. allergische Reaktionen auftauchen, ist ein Arzt oder Heilpraktiker zu konsultieren.

Pfefferminze

Pfefferminze zählt wohl zu den bekanntesten Kräutern. Ihr ätherisches Öl wird besonders geschätzt als Heilmittel vieler Erkrankungen. Aber auch ihr unverwechselbares Aroma lieben viele in Tees und verschiedenen Speisen. Die ursprüngliche Heimat der Pfefferminze war vermutlich Ostasien. Sie entstand aus einer Kreuzung der Wasserminze, die auch von den Druiden besonders gerne verwendet wurde, mit der grünen Minze. Diese Heilpflanze mit dem erfrischenden und kühlenden Geschmack ist auch wild anzutreffen und wächst bevorzugt an feuchten oder sumpfigen Standorten.

Die Pfefferminze zählt zur Familie der Lippenblütler. Die Gattung der Minzen umfasst insgesamt etwa 30 Arten. Je nach Gehalt des ätherischen Öls Menthol unterscheiden sie sich so in ihrer Intensität als Heil- und Küchenkraut. Pfefferminzstauden gelten als ausdauernd, krautig und winterhart. Sie können Wuchshöhen von 25 bis

100 cm erreichen. Ihr Wurzelsystem ist eher flach angelegt, weshalb sie viele Ausläufer ausbilden. Die Blätter der Pfefferminze variieren im Aussehen je nach Sorte und können hell- bis dunkelgrün sein. Die Blattform ist meist länglich bis eiförmig mit leicht gesägtem Blattrand. Die Blattnerven können auffällig violett gefärbt sein. Auf der Unterseite der Blätter befinden sich die Öldrüsen, welche die ätherischen Öle der Pflanze enthalten. Die Stängel der Pfefferminze sind stark verzweigt und oft auffällig behaart. Die Blüten der Pfefferminze sind rosa, lila oder weiß gefärbt. Diese Lippenblüten haben ihre Blütezeit zwischen Anfang Juni bis Anfang September. Später bilden sich aus den Blüten vier eiförmige Klausenfrüchte, welche die reiskornähnlichen, meist bräunlich gefärbten Samen der Pfefferminze enthalten. Diese Heilpflanze ist einfach anzubauen, wenn ihre Bedürfnisse an Nährstoffen und Standort beachtet werden.

Pfefferminze mag halbschattige Standorte, verträgt aber auch sonnige Plätze. Der Boden sollte etwas feucht, nährstoffreich und leicht kalkhaltig sein. Pfefferminze ist auch einfach in Töpfen und Kübeln anzubauen und kann in handelsübliche Kräutererde angesät werden.

Hierfür sollten die Pfefferminzsamen nur leicht auf die Erde angedrückt werden, da diese Pflanze ein typischer Lichtkeimer ist. Zwischen März und April beginnt die Aussaat im Freien oder in entsprechenden Pflanzgefäßen. Da Minzen generell eher zu den durstigen Pflanzen zählen, sollte darauf geachtet werden, dass die Erde stets gut durchfeuchtet ist.

Die Pfefferminze gilt seit jeher als wichtiges Heil- und Küchenkraut. Da sie aber erst im Laufe des 17. Jahrhunderts bekannt wurde, befinden sich in den Kräuterbüchern des Mittelalters keine Einträge über sie. Damals sehr beliebt waren die wilden Minzsorten, die Wasserminze sowie die griechische Minze. Sie wurden zur Behandlung von Verdauungsproblemen, Geschlechtskrankheiten,

Hautgeschwüren, Grind oder Cholera verwendet. Dafür stellte man aus ihnen Aufgüsse her, oder man legte sie in Essig ein. Bei den Kelten spielte die Wasserminze, aus der die Pfefferminze später entstand, als heiliges Kraut eine große Rolle. Sie stand für Reichtum und Glück und half medizinisch gegen Verdauungsprobleme und Menstruationsbeschwerden. Auch als Ritualpflanze wurde sie genutzt, z. B. bei Räucherungen oder als Tabak. Auch heute findet Pfefferminze noch medizinisch Anwendung in der Naturheilkunde.

Wirkung der Pfefferminze:

- Pfefferminze – sowie generell alle Minzarten – wird klassisch vor allem bei Verdauungsbeschwerden, wie z. B. Magenschmerzen, Durchfall, Übelkeit, Blähungen, Galle- und Leberbeschwerden, eingesetzt.
- Sie wirkt antibakteriell und antiviral, weswegen sie bei Virusinfektionen z. B. Influenza, Herpes helfen kann.
- In der Haar- und Hautpflege überzeugt das Heilkraut, da es beruhigend wirkt und übermäßige Talgproduktion reguliert.
- Bei nervösen Unruhezuständen kann Pfefferminze unterstützen, wieder zu einem entspannteren Befinden zurückzukehren.
- Die entkrampfende Eigenschaft der Pfefferminze hilft bei Kopfschmerzen, Menstruationsbeschwerden und äußerlich als Einreibung bei Muskelkrämpfen.
- Insektenstiche können mithilfe des ätherischen Öls der Pfefferminze schneller abheilen.
- Inhalationen helfen bei Erkältungskrankheiten, wieder besser und befreiter durchatmen zu können, da es die Atemwege erweitert.

Anwendungsmöglichkeiten:

Pfefferminze gilt als ein beliebtes Gewürzkraut, das du in deine Ernährung integrieren kannst. So verleiht es z. B. Reisgerichten einen arabischen oder indischen Touch. Dafür sollten frisch gepflückte Kräuter bevorzugt werden, da die getrockneten bereits viel von ihrem intensiven Aroma verloren haben. Das erfrischende Minzaroma kannst du auch für süße Speisen und Getränke nutzen, z. B. Fruchtsalat oder selbst gemachte Limonade. So profitierst du gleichzeitig von ihrer Heilwirkung und dem besonderen Geschmack der Pfefferminze. Sehr beliebt ist natürlich der Pfefferminztee, der gerne bei Erkältungen getrunken wird. Auch als Eistee kann er, aufgrund seiner kühlenden Wirkung, die heißen Sommertage erleichtern. Für die Zubereitung einer Tasse Pfefferminztee übergießt du zwei gehäufte Teelöffel getrocknetes Pfefferminzkraut oder einige frische Blätter mit entsprechend heißem Wasser. Der Tee zieht am besten durch, wenn die Tasse abgedeckt wird. Nach etwa acht Minuten wird das ätherische Öl auf der Oberfläche des Tees sichtbar und ist bereit zum Trinken. Zur innerlichen Anwendung kann auch das im Handel erhältliche ätherische Öl der Pfefferminze verwendet werden, es sollte jedoch immer sparsam dosiert und mit Wasser verdünnt werden. Mithilfe des ätherischen Öls kannst du auch einen Balsam herstellen, der auf die Schläfen aufgetragen bei Kopfschmerzen helfen kann. Auch bei Muskelkater, rheumatischen Schmerzen, Zerrungen und Verspannungen der Muskeln ist eine Einreibung mit diesem Balsam wohltuend. Dafür mischst du z. B. 25 ml Pflanzenöl, 3 g Bienenwachs, 2 g Wollwachs mit etwa 50 Tropfen ätherischem Minzöl. Die Zutaten werden in einem Wasserbad schonend erhitzt, bis sie geschmolzen sind. Die entstandene Flüssigkeit wird anschließend in ein passendes Gefäß gegeben, wo es abkühlt und zu einem festen Balsam wird.

Nebenwirkungen:

Eine Überdosierung der Pfefferminze, z. B. als Tee oder bei direktem Konsum des ätherischen Öls, kann bei empfindlichen Personen zu Reizungen der Schleimhäute führen. Auch können allergische Reaktionen hervorgerufen werden. Schwangere sollten nur geringe Mengen der Pfefferminze zu sich nehmen, da dadurch die Gebärmutter stimuliert wird. In der Stillzeit sollte ebenfalls auf Pfefferminze verzichtet werden, da die Pflanze die Milchbildung unterbindet. Bei Säuglingen und Kleinkindern ist die Verwendung von Pfefferminze v. a. in der Gesichtsregion bedenklich, da dies zu Krämpfen und Atemstillstand führen kann. Bei Gallensteinleiden sollte die Anwendung der Heilpflanze zuvor mit dem behandelnden Arzt oder Heilpraktiker abgesprochen werden. Das ätherische Öl der Pfefferminze ist sehr intensiv und kann bei längerer Anwendung oder Überdosierung zu Verschluss der Gallenwege, Gallenblasenentzündung und schweren Leberschäden führen. In Tierversuchen wurde festgestellt, dass das ätherische Öl die Aufnahme von Eisen herabsetzen kann, was besonders bei einer vorliegenden Blutarmut oder zu niedrigem Eisenspiegel beachtet werden sollte.

Knoblauch

Knoblauch zählt zu den Zwiebelgewächsen und ist fast in allen Kulturen bekannt. Dabei wird er nicht nur aufgrund seiner würzenden Eigenschaft für Speisen benutzt, sondern findet auch im medizinischen Bereich der Naturheilkunde seine Anwendung. Man weiß, dass Knoblauch dabei hilft, Blut, Herz und Gefäße gesund zu halten. Mittlerweile wird auch wissenschaftlich untersucht, welche positiven Eigenschaften er bei der Behandlung von Darmerkrankungen, Diabetes und sogar Krebs einbringen kann.

Der Knoblauch lässt sich sehr leicht selbst anbauen. Dafür steckt man den Knoblauch etwa 5 cm tief in einen lockeren Humusboden an einem sonnigen, warmen Standort. Die Spitze der Knoblauchzehe sollte dabei nach oben zeigen, damit die Wurzeln nach unten hin wachsen können. Dies kann im Freiland oder auch in einem Blumentopf geschehen.

In den Frühlingsmonaten wächst aus den Knoblauchzehen ein Trieb mit flachen Stängeln, die ebenfalls den Knoblauchgeschmack in sich tragen und sich daher als Würzkraut für die Küche eignen.

Im Sommer beginnt der Stängel dann langsam zu vertrocknen, während die Zehe sich zur Knolle verdickt und selbst mehrere Zehen ausbildet. Im Spätsommer ist dann die Zeit gekommen, die Knoblauchknolle zu ernten. Die Knollen müssen nun einige Tage an einem luftigen Ort trocknen. Allgemein gilt für die Lagerung des Knoblauchs ein kühler und trockener Ort, da er an feuchten Orten wie z. B. in einer Plastiktüte oder im Kühlschrank seinen Geschmack verändern und Schimmel bilden kann.

Vermutet wird, dass Knoblauch bereits vor 5.000 Jahren in Zentralasien angebaut wurde und von dort aus den Weg nach Europa antrat. Im alten Ägypten wurde die Knolle als heilige Pflanze angesehen und den Pharaonen auf ihrem letzten Weg mit ins Grab gegeben. Ebenfalls wird berichtet, dass die Arbeiter des Pyramidenbaus rohe Zwiebeln und Knoblauch erhielten, um die für den Bau benötigte Gesundheit und Kraft zu erhalten. Bereits in frühen chinesischen Schriften wurde ein Wort für Knoblauch gefunden, das durch ein Zeichen dargestellt wurde. Das zeigt, dass Knoblauch auch dort vorchristlich bereits eine wichtige Bedeutung hatte. Die römischen Ärzte pflegten den Brauch, bei Ankunft in einem neuen Land zuerst einen Knoblauch anzupflanzen. In allen Kulturen wurde er dabei medizinisch hauptsächlich bei Verdauungsstörungen, Atemwegserkrankungen, Infektionen, Tierbissen, zur Entwurmung sowie zur allgemeinen Kräftigung des Körpers eingesetzt. Im Mittelalter fand er sogar Anwendung gegen die Pest und andere ansteckende Krankheiten. In der Klostermedizin wurde die Heilwirkung des Knoblauchs eher abgetan, da er als Aphrodisiakum erkannt wurde, was dem moralischen Leben im Kloster natürlich eher entgegenstand. Die Römer hingegen setzten ihn gerade deswegen gerne ein. Knoblauch galt viele Jahrhunderte lang in einigen Kulturen auch als Schutzpflanze aufgrund seines starken Geruchs, der die bösen Geister vertreiben sollte. Seine vermeintliche Wirkung gegen Vampire ist heute noch vielen bekannt.

In anderen Kulturen wiederum wurde er aufgrund dieser Eigenschaft des starken Geruchs verboten, z. B. durfte vor dem Betreten eines Tempels kein Knoblauch zu sich genommen werden.

Doch gerade dieser Geruch verleiht dem Knoblauch seine Heilkraft und so gilt er bis heute als eine Art Breitbandantibiotikum, senkt den Blutdruck und hat eine antisklerotische Wirkung. Das Zusammenspiel vieler wichtiger Inhaltsstoffe macht den Knoblauch zur medizinisch wertvollen Wunderknolle. Doch insbesondere der Schwefelverbindung Allicin, die für den starken Geruch zuständig ist, wird die Hauptwirkung zugeschrieben.

Wirkung des Knoblauchs:

- Knoblauch wirkt antioxidativ und gilt daher als Radikalfänger und Zellschützer. Dadurch soll der Alterungsprozess verlangsamt werden.
- Er wirkt als natürlicher Blutverdünner und somit vorbeugend gegen Thrombosen, Blutgerinnsel und Schlaganfälle.
- Als Heilknolle hilft er, den Blutdruck zu stabilisieren. Vor allem bei zu hohem Blutdruck wird er gerne zur Regulation eingesetzt, denn er verbessert die Fließeigenschaften des Blutes und erweitert die Gefäße.
- Die Entspannung und Erweiterung des Gefäßsystems hat auch eine präventive und positive Auswirkung bei Arteriosklerose.
- Diese genannte Heilwirkung kann ebenfalls bei der Behandlung von Erkrankungen wie Alzheimer, Demenz, grauer Star und grüner Star von Bedeutung sein.
- Die im Knoblauch enthaltenen sekundären Pflanzenstoffe unterstützen dabei, die Blutfettwerte zu regulieren, was bei erhöhten Cholesterinwerten hilfreich sein kann.

- Als natürliches Antibiotikum lindert er Erkältungskrankheiten und Grippesymptome, ohne dabei die Darmflora anzugreifen.
- Bei Darmproblemen wie z. B. Blähungen, Krämpfen kann Knoblauch aufgrund seiner keimtötenden Eigenschaften helfen, Bakterien, Pilze, Viren und Parasiten im Darm abzutöten, ohne dabei die nützlichen Darmbakterien anzugreifen.
- Knoblauch besitzt immunstärkende Eigenschaften, da er für eine gesunde Darmflora sorgt, die den größten Teil des Immunsystems darstellt.
- Durch die positive Wirkung auf den Darmtrakt können Nährstoffe besser aufgenommen werden.
- Blasenentzündungen werden durch Bakterien ausgelöst, die mithilfe des Knoblauchs abgetötet werden können.
- Medizinische Studien belegten die krebshemmende Eigenschaft von Knoblauch, vor allem bei Dickdarm-, Magen- und Speiseröhren-, Prostata-, Lungen- und Brustkrebs.
- Knoblauch unterstützt die Leber bei ihrer Entgiftungsfunktion.

Anwendungsmöglichkeiten:

Knoblauch kannst du in der Küche, aber auch als natürliche Medizin verwenden. Dabei ist die frische Knolle stets getrockneten oder stark verarbeiteten Produkten vorzuziehen. Wenn du z. B. erste Anzeichen einer Erkältung verspürst, kannst du eine Knoblauchzehe in den Mund nehmen und einspeicheln, bis der Geschmack verloren ist. Die hilfreichen Inhaltsstoffe gehen in deinen Speichel über und können so ihre medizinische Wirkung entfalten. Du kannst auch einen Erkältungssaft herstellen, der die Symptome lindern kann. Presse dafür eine Knoblauchzehe aus und vermenge sie mit Zitronensaft und Honig. Diesen entstandenen Saft bewahrst du im Kühlschrank auf und nimmst ihn etwa fünfmal am Tag ein. Alternativ kannst du zwei Knoblauchzehen in Wasser auskochen und anschließend mit Honig süßen. Die Knoblauchzehen sollten in diesem Sud noch drei Stunden ziehen. Als Erkältungssaft nimmst du täglich drei Teelöffel davon ein. Knoblauch lässt sich auch sehr gut mit Ingwer und Zitrone kombinieren, die du ebenfalls dem Saft hinzugeben kannst. Dieser unterstützt nicht nur bei bereits bestehenden Erkältungen, sondern kann auch präventiv oder als Reinigungskur eingenommen werden. Du kannst die schmerzlindernde Eigenschaft des Knoblauchs auch für eine äußerliche Anwendung nutzen. Dafür presst du Knoblauchzehen und vermengst sie mit Olivenöl. Dieses entstandene Knoblauchöl wird anschließend auf die schmerzende Stelle z. B. bei Muskel- oder Nervenschmerzen aufgebracht und mit einem Tuch abgedeckt. Eventuell kann die Auflage auch über Nacht einwirken. Die Liste der Heilwirkungen und auch der möglichen Verwendung der Wunderknolle Knoblauch ist lang. Doch wichtig ist, dass sie immer auch als Ergänzung eines gesunden Lebensstils gilt und diesen nicht ersetzen kann.

Nebenwirkungen:

Nebenwirkungen bei Knoblauch sind bei übermäßigem Verzehr möglich und äußern sich als Magen-Darm-Verstimmungen. Wenn von Grund auf eine Abneigung gegen den Geschmack oder Geruch des Knoblauchs vorliegt, sollte er auch nicht zwangsweise verzehrt werden, da es Signale des Körpers sein können, dass die schwefelhaltigen Inhaltsstoffe des Knoblauchs kontraproduktiv sein können. Bei Einnahme von blutgerinnungshemmenden Medikamenten und bei niedrigem Blutdruck sollten nur sehr geringe Dosen von Knoblauch konsumiert oder gänzlich darauf verzichtet werden. Grundsätzlich ist hier eine Absprache mit dem behandelnden Arzt oder Heilpraktiker sinnvoll.

Eine natürliche Hausapotheke selbst herstellen

Bei unserer gemeinsamen Reise durch die Welt der Heilpflanzen hast du nun bereits erfahren, wie du diese für die Erstellung deiner eigenen, natürlichen Hausapotheke nutzen kannst. Wie du dir vorstellen kannst, gibt es noch unzählige weitere Heilkräuter, die es zu entdecken gilt. Doch klar ist, dass du dir die Heilwirkung der jeweiligen Pflanze zunutze machen kannst, indem du sie z. B. selbst sammelst oder anbaust und entsprechende Naturheilmittel herstellst. In den einzelnen Kapiteln wurde schon beschrieben, wie du die Pflanzen anwenden kannst. In diesem Kapitel findest du noch einmal eine kurze Zusammenfassung, wie du deine Hausapotheke selbst aufbaust.

Ausstattung der Hausapotheke

Vor Beginn der Ausstattung deiner natürlichen Hausapotheke sind ein paar wichtige Punkte zu beachten. Grundsätzlich solltest du dich intensiv mit der entsprechenden Heilpflanze befassen und dir entsprechendes Wissen aneignen. Starte zunächst mit einer kleinen Auswahl und ergänze deine Naturapotheke dann schrittweise. Klassiker wie z. B. Brennnessel, Kamille und die bereits bekannten Küchenkräuter Basilikum, Thymian und Rosmarin eigenen sich als gute Basis. Anschließend überlegst du, ob du die Heilpflanzen selbst anbauen möchtest, wild sammeln kannst oder auf vorgezüchtete Pflanzen zurückgreifen willst. Auch findest du diese Pflanzen im

Verkauf als getrocknete Ware oder deren Auszüge in Form von ätherischen Ölen.

Wenn du selbst anbaust, suche am besten nach Saatgut oder Pflänzchen aus nachhaltig biologischem Anbau. Zur Anzucht brauchst du verschiedene Töpfe und der Pflanze entsprechende Erde. Daher ist es auch wichtig, zu wissen, welchen Standort und welche Nährstoffe die jeweilige Heilpflanze benötigt, damit sie ihr volles Heilpotenzial tatsächlich entfalten kann.

Nach der Ernte kannst du die Pflanzen selbst trocknen. Hierfür solltest du einen Ort vorbereiten, der vor allem trocken und geschützt ist sowie eine Vorrichtung enthält, an denen du die Pflanzenbündel aufhängen kannst.

Für die Herstellung von Kräutertees, Tinkturen, Salben und Ölen benötigst du verschiedene Behältnisse. Tee lässt sich gut in Papiertüten aufbewahren. Grundsätzlich gilt, dass Heilpflanzen es trocken und dunkel bei der Aufbewahrung mögen. Vor allem der Schutz vor Schimmelbildung ist wichtig. Für die Pflanzenauszüge eignen sich vor allem Fläschchen oder Gläser mit verdunkeltem Glas, damit das Licht die wichtigen Inhaltsstoffe nicht mindert.

Eine Grundausstattung an Pflanzenölen, wie z. B. Oliven-, Jojoba- oder Mandelöl, wird für die Herstellung von Pflanzenölen und Salben benötigt. Festere Zutaten, wie Bienenwachs oder Sheabutter können in Wasserbädern geschmolzen werden. Eine kleine Herdplatte, Topf und Keramikschüssel sind dafür also nötig. Beachte, dass einige Heilpflanzen nicht mit Metall in Berührung kommen sollten, um Oxidationen zu vermeiden.

Für Tinkturen solltest du dir einen Vorrat an hochprozentigem Alkohol wie z. B. Wodka zulegen. Für die äußerliche Anwendung, etwa für Kompressen, kannst du Baumwolltücher bereitlegen, die mit einem natürlichen Waschmittel, ohne synthetische Duftstoffe, gewaschen wurden. Für Teilbäder eignet sich eine große Schüssel, die eventuell auch in die Toilette für ein Sitzbad gestellt werden kann. Mit der Zeit wirst du aufgrund deiner gesammelten Erfahrungen immer mehr wissen, welche Methoden sich für dich bewährt haben und welche Naturheilmittel du persönlich gerne einsetzt. Passe deine natürliche Hausapotheke also deinen Vorlieben und Bedürfnissen an!

Kräutertees

Wie du gesehen hast, ist die Verwendung der Heilkräuter als Tee eine beliebte und auch einfache Möglichkeit. Beim Trocknen werden die Kräuter durch Wasserentzug haltbar gemacht. Zu beachten ist hier, dass deine Pflanzen wirklich trocken sind, um Schimmelbildung zu vermeiden. Die einfachste Variante ist es, einen Tee aus nur einem Heilkraut herzustellen. Das ist vor allem gut umsetzbar bei Pflanzen, die bereits ein großes Wirkungsspektrum abdecken und im Geschmack intensiv sind, wie z. B. Salbei oder Kamille. Willst du eine Teemischung erstellen, sollten am Anfang nicht zu viele verschiedene Kräuter miteinander gemischt werden. Auch hinsichtlich ihrer medizinischen Wirkung ist zu bedenken, wie sie sich gegenseitig optimal unterstützen können.

Deinen selbst gemachten Tee kannst du anschließend in eine Papiertüte, einen verschließbaren Keramiktopf oder ein lichtundurchlässiges Glas, z. B. in eine Apothekerflasche, abfüllen. Eine weitere Möglichkeit wäre, den Tee bereits zu portionieren und in kleine Teebeutel zu füllen, die es mittlerweile auch in Supermärkten zu kaufen gibt. Optimalerweise lagerst du deinen Tee immer so, dass er vor Feuchtigkeit, Wärme und Sonnenlicht geschützt ist.

Damit dein Heilpflanzentee seine volle Wirkung entfalten kann, sollte er mit heißem Wasser übergossen abgedeckt noch etwa zehn Minuten ziehen. Mit der Zeit kannst du deine natürliche Hausapotheke mit verschiedenen Tees und Teemischungen ausstatten, die z. B. bestimmten Beschwerden zugeordnet werden können (Schlaf-, Beruhigungs-, Verdauungstee etc.).

Tinkturen

Eine Tinktur aus Heilkräutern zu erstellen, ist eine seit dem Altertum bekannte Möglichkeit, die Inhaltsstoffe zu konservieren. So wird aus der jeweiligen Heilpflanze ein medizinisches Elixier, in dem die ätherischen Öle und Wirkstoffe gespeichert sind. Alkohol dient hierbei als Lösungsmittel. Den Vorgang des Herauslösens bezeichnet man als Mazeration, sodass Tinkturen auch den Begriff Mazerate tragen. Die erstellte Tinktur kannst du vielfältig nutzen. So kannst du sie als z. B. Tropfen direkt einnehmen, in selbst erstellten Kosmetikprodukten verwenden oder auch für Hauteinreibungen oder Bäder einsetzen.

Zur Herstellung einer Tinktur kannst du die frischen oder getrockneten Kräuter verwenden. Zum Ansetzen des Mazerats eignen sich fast alle neutralen Alkoholarten mit mindestens 45-prozentigem Alkoholanteil, wie z. B. Wodka, Korn oder Weingeist. Wenn du frische Pflanzen verwendest, empfiehlt sich ein höherer Alkoholanteil, da der Wassergehalt der Pflanze den Gesamtalkoholgehalt etwas herabsetzt.

Möchtest du auf Alkohol in Tinkturen gänzlich verzichten, kannst du alternativ als Lösungsmittel Essig benutzen.

Für die Herstellung einer alkoholischen Tinktur benötigst du:

- 50 g getrocknete oder 100 g frische Kräuter, gesäubert und zerkleinert
- 200 ml Alkohol
- Schraubglas zum Reifen
- Kaffeefilter
- Tropfflaschen aus Braunglas zur Aufbewahrung

Zur Herstellung der Tinktur füllst du 50 g getrocknete oder 100 g frische Pflanzenteile in ein Schraubglas und gießt sie mit 200 ml Alkohol auf. Die Pflanzenteile sollten dabei vollständig bedeckt sein. Das verschlossene Glas muss nun mindestens vier Wochen reifen, bis die Tinktur zur Verwendung fertig ist. In dieser Zeit verfärbt sich der Alkohol, da sich die Inhaltsstoffe aus den Pflanzen lösen. Der Lösungsprozess kann unterstützt werden, indem du das Glas täglich einmal schüttelst. Wenn das Glas an einem warmen Ort steht, wird die Extraktion beschleunigt. Nach Ablauf der Reifezeit wird die Tinktur durch einen feinen Kaffeefilter gegossen. Ab jetzt eignet sich zur Aufbewahrung ein dunkles Glas, das du noch entsprechend beschriften kannst. Diese Tinktur ist hervorragend geeignet, die Wirkstoffe deiner gesammelten Kräuter noch lange zu nutzen.

Ölauszug

Aus deinen gesammelten Heilpflanzen kannst du auch Pflanzenöle herstellen, die als Ölauszug oder Öl-Mazerat bezeichnet werden. Diese Öle kannst du in deiner natürlichen Hausapotheke als Kosmetik für die Haut- und Haarpflege einsetzen oder um ihre medizinische Wirkung für den Körper zu nutzen. Sie eignen sich besonders gut als Massageöl oder als Zutat zur Erstellung von Salben.

Es gibt zwei Möglichkeiten, einen Ölauszug aus Pflanzen herzustellen: die sogenannte Kalt- und Heißmethode. Die Kaltmethode dauert zwar länger, ist aber für die Heilpflanzen schonender, sodass ihre Inhaltsstoffe besser erhalten bleiben. Hierfür sollten die getrockneten Pflanzenteile verwendet werden (Ausnahme: Rotöl Johanniskraut), da frische Pflanzen das Schimmelrisiko erhöhen. Für die Auswahl des jeweiligen Basisöls sollten der Hauttyp und die Haltbarkeit beachtet werden. Geeignet sind vor allem Oliven-, Mandel- und Jojobaöl.

Für die Herstellung des Ölauszugs benötigst du:

- getrocknete Heilpflanzen
- Pflanzenöl als Basis
- leeres Schraubglas
- Kaffeefilter
- Braunglasflaschen zur Aufbewahrung

Die schonende Kaltauszugmethode funktioniert wie folgt: Zunächst befüllst du das Glas mit den getrockneten Pflanzen, bis es zu drei Viertel voll ist. Jetzt kannst du dein Basisöl darüber gießen, sodass alle Heilkräuter davon bedeckt sind. Verschließe das Glas und lasse es bei Zimmertemperatur mindestens sechs Wochen reifen. Wie bei einer Tinktur solltest du auch hier das Glas täglich schütteln, damit sich die Wirkstoffe besser lösen können und sich kein Schimmel bildet. Sollte Kondenswasser am Deckel entstehen, wischst du es mit einem sauberen Tuch ab. Nach frühestens sechs Wochen gießt du das Öl durch den Kaffeefilter und füllst es in das abgedunkelte Glas zur Aufbewahrung. Das Öl wird am besten kühl und lichtgeschützt gelagert. Die Haltbarkeit richtet sich nach dem verwendeten Basisöl.

Bei der Heißmethode wird das Öl erwärmt, um die Wirkstoffe der Heilpflanzen herauszulösen. Dadurch gehen jedoch auch Inhaltsstoffe und ätherische Öle verloren. Diese Methode eignet sich deshalb vor allem, wenn das Heilpflanzenöl schnell benötigt wird.

Und so gehst du bei der Heißmethode vor: Gib die getrockneten Pflanzen in ein hitzebeständiges Glas und fülle es mit dem Basisöl auf, bis alles gut damit abgedeckt ist. Fülle einen Topf mit etwa 4 cm Wasser und stelle das Glas in das Wasserbad. Erhitze es auf dem Herd langsam, ohne dass das Wasserbad zu kochen beginnt. Der Ölauszug sollte nicht über 60 °C erwärmt werden. Das Öl sollte nun etwa zwei Stunden bei dieser Temperatur ziehen. Danach lässt du es abkühlen und verschließt es, wenn es Zimmertemperatur erreicht hat. Jetzt kann es noch bis zu vier Tage nachreifen. Fülle es anschließend in eine dunkle Flasche um, indem du das Öl durch den Kaffeefilter fließen lässt. Lagere es ab jetzt kühl und dunkel.

Heilsalbe

Salben waren schon immer ein beliebtes Heilmittel und eine gute Möglichkeit, die Inhaltsstoffe einer Heilpflanze für die äußerliche Anwendung konservierbar zu machen. Für deine natürliche Hausapotheke kannst du verschiedene Salben für deine Hautbedürfnisse herstellen.

Zur Herstellung einer Salbe werden pflanzliche oder tierische Fette verwendet. Sie bilden die Basis für die Heilsalbe. Je hochwertiger und naturbelassener die Zutaten, desto besser verträglich und unterstützend wird auch deine Salbe. Es ist daher ratsam, bereits bei der Auswahl der Basisfette biologische Produkte zu benutzen. Damit die Salbe streichfähig wird, braucht es noch sogenannte Konsistenzgeber wie z. B. Sheabutter, Kakaobutter oder Bienen- oder Carnaubawachs. Diese dürfen aber nicht zu stark erhitzt werden, um auch ihre wertvollen Inhaltsstoffe nicht zu zerstören.

Für die Herstellung der Salbe musst du zunächst einen Ölauszug aus der entsprechenden Heilpflanze herstellen. Je nach Auswahl der Pflanze kann deine Salbe eine entzündungshemmende, antibakterielle oder beruhigende Wirkung haben.

Das Prinzip der Salbenherstellung ist stets das gleiche: Zunächst stellst du alle benötigten Zutaten bereit und wiegst sie entsprechend nach einem Rezept ab. In einem Wasserbad werden Öle und Wachse langsam erwärmt, bis sie geschmolzen sind. Das Wasser darf dabei nicht kochen, da die zu hohe Temperatur Inhaltsstoffe zerstört. Die Masse sollte mit einem Holzstäbchen gut verrührt werden. Um eine cremige Konsistenz der Salbe zu erhalten, werden nun Kokosöl, Kakao- oder Sheabutter dazugegeben. Auch diese sollten langsam und nicht über 35 °C erhitzt werden. Wenn die Masse komplett geschmolzen ist und verrührt wurde, nimmst du das Glas aus dem Wasserbad. Wenn gewünscht, kannst du nun noch Tinkturen oder ätherische Öle dazugeben. Die fertige Salbe füllst du in desinfizierte Gläser oder Tiegel und lässt sie abkühlen. Nach Abkühlung kannst du sie noch beschriften und mit dem Deckel verschließen.

Die Haltbarkeit der Salbe wird maßgeblich durch das hygienische Arbeiten beeinflusst, daher sollten sämtliche Tiegel, Gläser und Werkzeuge desinfiziert sein, um die Anzahl der Keime zu minimieren. Mit dieser Vorgehensweise kannst du aus deinen geernteten Heilpflanzen wirksame Salben herstellen und bestimmst du selbst, welche Inhaltsstoffe du auf deine Haut geben möchtest.

Praktische Tipps

Zum Schluss erfährst du noch einige Tipps, wie du beim Sammeln und Ernten der Heilpflanzen vorgehen kannst. Wie du bereits erfahren hast, spielten die Heilpflanzen bei den Druiden und auch in anderen Kulturen nicht nur medizinisch eine große Rolle, sondern man sprach ihnen zudem spirituelle Eigenschaften zu. So gab es festgelegte Rituale und Zeiten für das Ernten der Pflanzen. Oft nahm man auch mit der Pflanzenseele Kontakt auf, um nicht nur um ihre grobstoffliche, sondern auch um ihre feinstoffliche Hilfe zu bitten. Wenn du nun Lust bekommen hast, inspiriert durch das fundierte Pflanzenwissen der Vorfahren, selbst Heilpflanzen ganzheitlich zu betrachten, anzubauen und zu sammeln, helfen dir dabei folgende Tipps.

Bewusste Begegnung mit den Heilpflanzen

Eine bewusste Begegnung mit den Heilpflanzen setzt voraus, dass du dich zunächst mit ihnen auf kognitiver Ebene auseinandergesetzt und Informationen über sie gesammelt hast. Das ist auch deshalb wichtig, um zu wissen, wo du die jeweilige Pflanze findest und ob es auch wirklich das gesuchte Heilkraut ist. Gerade bei Wildkräutern kommt es schnell zu Verwechslungen, was im Ernstfall zu Anwendungsfehlern, Komplikationen und Nebenwirkungen führen kann. Du übernimmst daher selbst die Haftung und die Verantwortung für einen bewussten Umgang mit den Heilpflanzen. Das heißt auch, dass du bei Unsicherheiten stets jemanden zurate ziehen solltest, der vor Ort pflanzenkundlich arbeitet bzw. solltest du

Rücksprache mit deinem Arzt oder Heilpraktiker halten, um eine eventuelle Selbstmedikation als medizinisch sinnvoll abzusichern. Dies ist vor allem wichtig bei bereits bestehenden Vorerkrankungen und/oder Einnahme von Medikamenten.

Heilpflanzen bewusst zu begegnen, ist aus spiritueller Sicht auch eine Möglichkeit, sie feinstofflich und mit allen Sinnen wahrzunehmen. Wenn du deine ausgewählte Heilpflanze also als Wildkraut findest oder sie in deinem Garten kultiviert hast, nimmst du dir am besten die Zeit dafür, sie als deine Helferpflanze zunächst einmal kennenzulernen. So ernteten die Druiden ihre heiligen Pflanzen z. B. oft in der Vollmondnacht und mit einer goldenen Sichel. Es ist sicherlich nicht notwendig, ein sehr aufwendiges Ritual durchzuführen oder ein spezielles Werkzeug zu nutzen, jedoch kann es wertschätzend und verbindend sein, einen Moment innezuhalten, wenn man eine Pflanze aussät oder erntet.

Bei der ersten Begegnung mit einer Pflanze kannst du all deine Sinne nutzen: die Blätter ertasten, an ihr riechen, ein Stückchen kosten, sie für einen längeren Zeitraum nur betrachten, ja sogar mit ihr in der Hand meditieren. Besonders feinfühlige Menschen nehmen vielleicht auch das feinstoffliche Wesen der Heilpflanze wahr, hören ihre Botschaft. So kommunizierten die Druiden früher mit den Pflanzen auf eine hellsichtige Art und Weise, um ihre Wirkweise zu erfahren und um Hilfe zu bitten. Gerade das Sammeln und Ernten der Heilpflanzen war zu allen Zeiten und in allen Kulturen mit bestimmten Vorgaben und Ritualen verknüpft. Womöglich kann es für dich ein kleines Ritual werden, vor dem Abschneiden der Pflanze um Erlaubnis zu bitten und dich anschließend bei ihr zu bedanken. Letztendlich geht es um eine achtsame innere Haltung und entsprechende Handlung, die gegenüber der Pflanze entwickelt werden. Auch bei der Weiterverarbeitung kann ein ritueller Rahmen die Arbeit und den Bezug zur Heilpflanze intensivieren.

Das kann in Stille geschehen, oder mit besonders schön ausgewählten Werkzeugen, dem Anzünden einer Kerze oder dem Klang einer Klangschale. Finde hier für dich einen geeigneten Rahmen, der dir persönlich hilft, mit dir und der Heilpflanze in einen intensiven Kontakt treten zu können.

Tipps fürs Sammeln von Wildkräutern

Folgende Tipps unterstützen dich dabei, beim Sammeln von Wildkräutern auf deinen persönlichen und den Schutz der Natur zu achten.

- Beginne beim Sammeln mit Pflanzen, die du 100-prozentig kennst, z. B. mit Brennnessel und Löwenzahn.
- Nutze Bestimmungsbücher, die du zum Sammeln mitnimmst.
- Bilde dich aktiv weiter, z. B. mit Wildkräuterwanderungen, die mittlerweile vielerorts angeboten werden.
- Bist du bei einer Pflanze unsicher, kannst du Fotos von ihr machen oder ein kleines Exemplar mitnehmen, um sie mithilfe weiterer Informationen zu Hause bestimmen zu können. Eine andere Möglichkeit sind Apps zur Pflanzenerkennung.
- Erkundige dich vorab, ob es für eine bestimmte Heilpflanze Verwechslungsmöglichkeiten mit anderen Pflanzen überhaupt gibt.
- Bei Vergiftungsverdacht kontaktiere sofort den ärztlichen Notruf.
- Achtsames und bewusstes Sammeln ist für dich und die Natur wichtig. Ernte also nur so viel, wie du brauchst. Betrete und verlasse den Ort der Pflanze mit Respekt!
- Oft herrscht Angst vor einer Infektion mit dem Fuchsbandwurm. Daher ist es wichtig, sich mit diesem Parasiten

auseinanderzusetzen und Informationen darüber einzuholen, welche Symptome er verursacht und wie er im Infektionsfall behandelt werden muss.

- An stark befahrenen Straßen, in der Nähe landwirtschaftlich genutzter Flächen und an beliebten Spazierwegen für Hunde solltest du wegen der chemischen Belastung und eventuellen Verschmutzung lieber nicht sammeln.
- Unter Naturschutz stehende Pflanzen dürfen nicht gesammelt werden. Informiere dich daher vorher, ob die Ernte erlaubt ist.
- In bestimmten Naturschutzgebieten darf generell nicht geerntet werden.
- Das Sammeln an trockenen Tagen ist am besten dafür geeignet, wenn die Pflanzen anschließend getrocknet werden sollen.
- Benutze zum Ernten eine Schere oder ein scharfes Messer, damit die Pflanzen nicht unnötig beschädigt werden, z. B. durch Ausreißen samt der Wurzel.
- Da auch Wurzeln für die Naturheilkunde verwendet werden, solltest du diese erst sammeln, wenn die jeweilig empfohlene Erntezeit dafür ansteht.
- Beim Ernten von Brennnesseln kann es sinnvoll sein, mit Gummihandschuhen zu ernten, um Hautreizungen zu vermeiden.
- Für die Aufbewahrung der Kräuter eignen sich Körbe oder Papiertüten, sodass die Pflanzen noch atmen können.
- Verarbeite die Kräuter zu Hause so frisch wie möglich. Gerade Wildpflanzen halten im Kühlschrank nur einen Tag.
- Wildkräuter müssen in der Regel nicht gewaschen werden. Sie besitzen wichtige Mikroorganismen, die dadurch entfernt würden.

Verarbeitung und Aufbewahrung

Vor der Trocknung werden die geernteten Pflanzen nicht gewaschen, sondern lediglich abgeschüttelt, die benötigten Teile abgezupft oder die Stängel zu einem Strauß zusammengebunden. Bei natürlicher Trocknung ist ein kühler, trockener und dunkler Ort von Vorteil. Eine direkte Sonneneinstrahlung könnte die Inhaltsstoffe verändern und auch Blätter verbrennen. Wurzeln und Rinden bilden hier jedoch eine Ausnahme und sollten im Licht und der Wärme der Sonne getrocknet werden.

Spielt das Wetter nicht mit, eignet sich auch ein Platz in der Nähe der Heizung oder eines Kamins. Wurzeln und Rinden sollten vorher gewaschen und abgebürstet werden. Eine Zerkleinerung erleichtert den Trockenvorgang. Für viele Pflanzen eignet sich eine natürliche Trocknung. Dafür legt man die Kräuter auf ein dünnes Leinen- oder Baumwolltuch. Ein erhöhtes Gitter als Unterlage wäre noch besser, damit die Feuchtigkeit auch nach unten hin entweichen kann. Der Trocknungsprozess dauert vier bis zehn Tage.

Allerdings gibt es auch Heilpflanzen, wie z. B. die Malve, die zu den hygroskopischen Arten zählen und die Eigenschaft besitzen, Feuchtigkeit aus der Luft anzuziehen. Diese sollten in Dörrapparaten oder bei sehr niedriger Temperatur in einem Backofen getrocknet werden. Dabei darf die Trocknungstemperatur nicht höher als 40 °C sein, um die wertvollen Inhaltsstoffe nicht zu zerstören. Nach dem Abfüllen in entsprechende Behälter sollten noch der Name sowie das Abfülldatum darauf geschrieben werden. Bei richtiger Verarbeitung und Lagerung können die Heilpflanzen ein bis zwei Jahre sorglos aufbewahrt werden.

Abschluss

Die Zeitreise zurück zu den Ahnen, den keltischen Druiden, nimmt nun ihr Ende. Ausgehend von ihrem mündlich überlieferten Pflanzenwissen, hast du ihre wichtigsten Heilpflanzen und deren Wirkungsweise kennengelernt. Die Faszination, die das Druidentum heute noch auf die Menschen ausübt, kann ein Initialzünder sein, sich weiter mit diesem Bereich der Heilpflanzen zu beschäftigen. „Die Natur ist die beste Apotheke", sagte einst Pfarrer Sebastian Kneipp und bringt damit auf den Punkt, dass wir immer noch die Möglichkeit besitzen, das alte Heilwissen über die Pflanzen zu nutzen und unser Wohlbefinden und unsere Gesundheit selbst in die Hand nehmen können.

Mit dem Wissen über die einzelnen Heilkräuter, ihre Verwendung und Verarbeitung hast du nun den Schlüssel in der Hand, deine eigene Naturapotheke aufzubauen und die Verbindung zu den Ahnen und der Natur wieder zu stärken, sowie deine Selbstheilungskräfte zu aktivieren. Körper, Geist und Seele werden es dir danken, wenn du das alte Wissen anwendest und dich selbst und deine Umgebung mit diesem Hintergrundwissen nun neu kennenlernst.

Quellen und weiterführende Literatur

Anhalt, U., & Schindewolf-Lensch, B. (2020). *Waldmeister – Wirkung, Verwendung und Anbau.* Heilpraxis. https://www.heilpraxis-net.de/heilpflanzen/waldmeister-wirkung-verwendung-anbau/

B. (2016). *Mutterkraut: Alte Heilpflanze neu entdeckt.* Esoterik Plus. https://esoterik-plus.net/mutterkraut-alte-heilpflanze-neu-entdeckt/

Blakemore, E. (2019). *Die geheimnisvolle keltische Elite war dem Römischen Reich ein Dorn im Auge, bis sie vom Christentum verdrängt wurde.* National Geographic. https://www.nationalgeographic.de/geschichte-und-kultur/2019/11/wer-waren-die-druiden

Bošnjak, O. *Erkrankungen.* PhytoDoc.de GmbH. https://www.phytodoc.de/erkrankungen

Bošnjak, O. *Heilpflanzen.* PhytoDoc.de GmbH. https://www.phytodoc.de/heilpflanzen

Brönnle, S. (2015). *Unsere Pflanzengeister – Der Sonnenhut.* Inana. https://www.inana.info/blog/2015/07/16/unsere-pflanzengeister-der-sonnenhut.html

Brunner, A. (2018). *Pflanzenschamanismus: Sich mit der Natur verbinden.* Franckh-Kosmos.

Buchart, K., & Wiegele, M. (2020). *Die Natur-Apotheke: Das überlieferte und neue Wissen über unsere Heilpflanzen*. Servus.

Carr-Gomm, P. (2010). *Das DruidCraft Buch: Die Magie der Wicca und Druiden*. Aurum Verlag.

Chevallier, A. (2017). *Das große Lexikon der Heilpflanzen: 550 Pflanzen und ihre Anwendungen*. Dorling Kindersley Verlag.

Das Echte Mädesüss | Heiliges Kraut der alten Kelten. Celticgarden´s Naturgarten. https://www.celticgarden.de/maedesuess/

Der Fenchel - Fencheltee. Heilkräuter Verzeichnis. https://www.kraeuter-verzeichnis.de/kraeuter/fenchel.htm

Die Frage der Woche: Was ist ein Druide? (2011). wasistwas.de. https://www.wasistwas.de/archiv-geschichte-details/die-frage-der-woche-was-ist-ein-druide.html

Diefenthal, J., Eder, M., & Knecht, S. *Kostbare Natur*. Business Hub Berlin UG. https://www.kostbarenatur.net

Emick, J. (2018). *Das Buch der keltischen Mythen: Von Göttern, Kriegern, Feen und Druiden*. Anaconda Verlag.

Entdecke die Magie der Druiden. Keltus. https://keltus.eu/keltisches_druidentum.php

FloraFarm Ginseng: Anbau - Beratung - Shop. florafarm.de. https://www.florafarm.de/-Ginseng-Extrakkt-amp-Ginseng-Pulver

Frühmann, J. *Pflanzen Archive*. Frühmann GmbH. http://heilpflanzenwissen.at/pflanzen/

Gallisch ~ Keltische Heilkräuter. (2019). Celticgarden´s Naturgarten. https://www.celticgarden.de/keltische-heilkrauter/

Garten Fräulein. (2019). *Tee ganz einfach selber machen - jetzt bei Garten Fräulein.* https://www.garten-fraeulein.de/tee-selber-machen/

Gerginov, D. *Heilpflanzen.* FID Verlag GmbH. https://www.gesundheitswissen.de/heilpflanzen/

Ginseng – Heilwirkung der Wunderknolle aus Korea. najoba Magazin. https://www.najoba.de/magazin/Inhaltsstoffe/ginseng/

Göbel, S. (2015). *Die Heilkraft der Natur.* apotheken.de. https://www.apotheken.de/symptome/10940-die-heilkraft-der-natur

Göbel, S. (2018). *Basilikum.* apotheken.de. https://www.apotheken.de/alternativmedizin/heilpflanzen/11670-basilikum

Hausmittel gegen Konzentrationsstörungen - Was hilft? Schnelle Hilfe und Alternative Heilmittel. Krank.de. https://krank.de/hausmittel/hausmittel-gegen-konzentrationsstoerungen/

Heilpflanzen aus Manitus Apotheke und verkanntes Wissen. (2003). scinexx | Das Wissensmagazin. https://www.scinexx.de/dossierartikel/heilpflanzen-aus-manitus-apotheke-und-verkanntes-wissen/

Hopfen – Heilkraut im Schatten der Braukunst. Druiden Magazin. http://druiden-magazin.de/hopfen-heilkraut-im-schatten-der-braukunst/

Hopman, E. E. (2016). *Secret Medicines from Your Garden.* Healing Arts Press.

Hruska, R. *Allium Sativum L.* Licht aus der Jurte. https://www.heil-schamanismus.com/jurte-heilgarten/knoblauch/

Kletten - kein Unkraut, sondern ein vielseitiges Heilmittel. smarticular. https://www.smarticular.net/kletten-kein-unkraut-sondern-ein-vielseitiges-heilmittel/

Krämer, C. (2020). *Die Heilkunst der Kelten.* Schirner Verlag.

Kräuterlexikon. (2017) Xceranas Kräuterparadies. https://www.kraeuterparadies.bayern/lexikon.html

Kräuterrezepte. (2017) Xceranas Kräuterparadies. https://www.kraeuterparadies.bayern/rezepte.html

Lammert, A. (2016). *Heilpflanze Lavendel: Beruhigend und reinigend.* Schamanen-Garten. http://schamanen-garten.de/heilkraut-lavendel/

Lammert, A. (2016). *Sonnenhut: Abwehrstärkende Heilwirkung.* Schamanen-Garten. http://schamanen-garten.de/sonnenhut-abwehrstaerkende-heilwirkung/

Lavendel bei Unruhe und Angst. Atupri. https://www.atupri.ch/de/gesund-leben/wissen/psyche/lavendel-hilft

Lindenau, S. *Lavendel Nebenwirkungen.* Lavendel.net. https://www.lavendel.net/wirkung/nebenwirkungen/

Lúnasadher Druiden. (2015). wiki.antamer.eu. https://wiki.antamar.eu/index.php/L%C3%BAnasadher_Druiden

Mädesüß, Königin der Auen. (2016). Wurzelweib. https://wurzelweibblog.wordpress.com/2016/09/01/maedesuess-koenigin-der-auen/

Marbach, E. *Heilkräuter-Seiten.* Eva Marbach Verlag. https://heilkraeuter.de/lexikon

McGarry, G. (2000). *Brighid's Healing: Ireland's Celtic Medicine Traditions.* Green Magic.

meine ernte: Knoblauch anbauen, pflegen, ernten und lagern. meine ernte. https://www.meine-ernte.de/gemuese-abc/knoblauch/

Melisse. mittelalter-lexikon.de. https://www.mittelalter-lexikon.de/wiki/Melisse

Monasterio, C. *Mistel – Wirkung.* Gesundheit.de. https://www.gesundheit.de/lexika/heilpflanzen-lexikon/mistel-wirkung

Monasterio, C. *Thymian – Wirkung.* Gesundheit.de. https://www.gesundheit.de/lexika/heilpflanzen-lexikon/thymian-wirkung

Montgomery, P., & Buhner, S. H. (2008). *Plant Spirit Healing: A Guide to Working with Plant Consciousness.* Bear & Company.

Müller, S. (2021). *Knoblauch – Die Wunderknolle.* Zentrum der Gesundheit. https://www.zentrum-der-gesundheit.de/ernaehrung/lebensmittel/gemuese/knoblauch

Murphy-Hiscock, A. (2017). *The Green Witch: Your Complete Guide to the Natural Magic of Herbs, Flowers, Essential Oils, and More.* Adams Media.

Mutterkraut - Tanacetum parthenium. viriditasdesign.de. https://www.viriditasdesign.de/kraftort-garten/lieblingskr%C3%A4uter/mutterkraut-tanacetum-parthenium/

Pahlow, M. (2013). *Das große Buch der Heilpflanzen: Gesund durch die Heilkräfte der Natur.* Nikol Verlagsges.mbH.

Paine, A. (2006). *The Healing Power of Celtic Plants: Their History, Their Use, and the Scientific Evidence That They Work.* Moon Books.

Paine, A. (2018). *Healing Plants of the Celtic Druids: Ancient Celts in Britain and their Druid Healers Used Plant Medicine to Treat the Mind, Body and Soul.* Moon Books.

Pflanzenlexikon Panax ginseng (Ginseng). A.Vogel. https://www.avogel.de/pflanzenlexikon/panax_ginseng.php

Praller, D., & Praller, K. (2006). *Druiden / Les druides.* Planet Schule. https://www.planet-schule.de/wissenspool/la-france-et-ses-regions/inhalt/hintergrund/bretagne-bretagne/druiden-les-druides.html

Purle, T. (2017). *Kräuter aufbewahren und lagern.* kraeuter-buch.de. https://www.kraeuter-buch.de/magazin/kraeuter-aufbewahren-und-lagern-52.html

Purle, T. *Kräuter von A bis Z.* kraeuter-buch.de. https://www.kraeuter-buch.de/kraeuter/alle-kraeuter

Pursell, J. J. (2015). *The Herbal Apothecary: 100 Medicinal Herbs and How to Use Them.* Timber Press.

Rehberg, C. (2021). *Löwenzahn: Wunderkraut statt Unkraut.* Zentrum der Gesundheit. https://www.zentrum-der-gesundheit.de/ernaehrung/nahrungsergaenzung/heilpflanzen/loewenzahn

S. *Salbei anbauen – von der Aussaat bis zur Ernte.* Plantura. https://www.plantura.garden/leserfragen-2/kraeuter/salbei-anbauen-von-der-aussaat-bis-zur-ernte

Salbei – Yogawiki. (2020). wiki.yoga-vidya.de. https://wiki.yoga-vidya.de/Salbei

Stand, K. (2019). *Was ist Superfood?* Verbraucherzentrale.De. https://www.verbraucherzentrale.de/sites/default/files/2020-05/Flyer_Superfood_HB_web_2.pdf

Storl, W. D. (2000). *Pflanzen der Kelten: Heilkunde Pflanzenzauber Baumkalender.* AT Verlag.

Superfood: Hype um Früchte und Samen. (2020). Verbraucherzentrale.de. https://www.verbraucherzentrale.de/wissen/lebensmittel/nahrungsergaenzungsmittel/superfood-hype-um-fruechte-und-samen-12292

Thymian. mittelalter-lexikon.de. https://www.mittelalter-lexikon.de/wiki/Thymian

Urbanovsky, C., & Scouezec, G. L. (2020). *Der Garten der Druiden.* Nikol Verlagsges.mbH.

Waldbaden - Die Heilkräfte der Natur erleben. Österreichs Wanderdörfer. https://www.wanderdoerfer.at/1000-wege-zur-gesundheit/waldbaden-die-heilkraefte-der-natur-erleben/

Waldmeister verwenden - als DIY Kräuterkissen, Tinktur oder Tee. gesunex.de. https://gesunex.de/waldmeister-diy-kraeuterkissen-tinktur-tee/30730/

Walter, T. (2019). *Hopfen: Heilpflanze mit beruhigender Wirkung.* gesund-vital.de. https://www.gesund-vital.de/hopfen-heilpflanze

Waschke, S. (2019). *Immunsystem stärken – Die besten Tipps für eine starke Abwehr.* Heilpraxis. https://www.heilpraxisnet.de/hausmittel/das-immunsystem-staerken/

Waschke, S. (2021). *Hautprobleme – Ursachen, Anwendungen und Therapie.* Heilpraxis. https://www.heilpraxisnet.de/symptome/hautprobleme/

Wie wirkt Ginseng von FloraFarm. florafarm.de. https://www.florafarm.de/wie-wirkt-ginseng-von-florafarm

Wiesenauer, M. (2019). *Naturheilkunde bei Blasenentzündung.* naturundmedizin.de. https://www.naturundmedizin.de/naturheilkunde-bei-blasenentzuendung

Winterer, A. *Ratgeber.* Utopia GmbH. https://utopia.de/ratgeber/

Zehnder-Rawer, I. *Möglichkeiten und Grenzen der Phytotherapie.* A.Vogel. https://www.avogel.ch/de/phytotherapie/phytotherapie-moeglichkeiten-und-grenzen.php

www.ingramcontent.com/pod-product-compliance
Lightning Source LLC
Chambersburg PA
CBHW071241070526
44583CB00017B/2279